LE

PÉAGE DE PEYPIN

ET LES

PÉAGES DES BASSES-ALPES

PAR

l'Abbé M.-J. MAUREL

de l'Académie d'Aix, Membre de la Société Française d'Archéologie

DIGNE

IMPRIMERIE CHASPOUL ET Ve BARBAROUX

20, Place de l'Évêché, 20

1900

LE PÉAGE DE PEYPIN

ET LES

PÉAGES DES BASSES-ALPES

Extrait du *Bulletin de la Société scientifique et littéraire des Basses-Alpes.*

LE

PÉAGE DE PEYPIN

ET LES

PÉAGES DES BASSES-ALPES

PAR

l'Abbé M.-J. MAUREL

de l'Académie d'Aix, Membre de la Société Française d'Archéologie

DIGNE

IMPRIMERIE CHASPOÜL ET Ve BARBAROUX

20, Place de l'Évêché, 20

—

1900

LE

PÉAGE DE PEYPIN

I.

Péages et pulvérages. — Antiquité du droit de péage. — Abus auxquels il donua lieu. — Lois diverses destinées à réglementer la perception de ce droit. — Suppression des péages.

Le péage (1) est un droit seigneurial qui se levait jadis sur les marchandises passant par certains lieux, pour l'entretien des grands chemins.

Ce droit porte différents noms dans les coutumes et ordonnances : on l'appelait *barrage* quand il était perçu à l'entrée des villes ou des bourgs ; *pontonnage*, au passage des ponts; *billette* ou *branchière*, aux passages de campagnes et petits villages, parce qu'on mettait pour indice un petit billot de bois suspendu à une branche ; *droit de travers, droit de coutume, menu droit*, etc.

(1) Du latin *pedagium*, *peda*, vestige, piste, marque de pas et, par extension passage, chemin.

Mais, sous ces appellations diverses, il représente toujours une seule et même chose, l'impôt prélevé sur le passage d'une marchandise.

Il diffère du pulvérage, autre droit féodal, que les seigneurs prenaient sur les troupeaux de moutons qui passaient par leurs terres, soit en montant dans la Haute-Provence pour y paître durant l'été, soit en descendant dans la Basse-Provence pour y passer l'hiver. Ce droit (1) n'était pas compris parmi les *régales;* il était acquis aux seigneurs comme un droit de fief, indépendamment de tout titre particulier, et demeurait imprescriptible par seul défaut d'exaction. Il leur fut accordé comme une espèce de dédommagement, et sur cette considération qu'il avait fallu trouver le moyen de nourrir les troupeaux transhumants pendant un trajet de quarante ou cinquante lieues qu'ils parcouraient à travers les terres seigneuriales.

On avait dû pour cela tracer des chemins, des carraïres comme on les appelle encore aujourd'hui, à travers les terres gastes et incultes, le long desquels les transhumants trouvaient, ou étaient censés trouver une maigre nourriture. Et ce fut pour indemniser les seigneurs de ce passage et de la nourriture qui s'y prenait à leurs dépens que le droit de pulvérage fut établi.

Ce droit, qui varia selon les temps, les lieux et les diverses coutumes locales, se percevait généralement chez nous à raison de trois deniers pour chaque trentenier de bêtes d'avérage (2).

Ce court exposé nous permet de distinguer l'un de

---

(1) Ainsi dénommé *a pulvere*, de la poussière que lèvent les troupeaux en marchant.

(2) Un arrêt du Parlement de l'année 1458 règle les droits de pulvérage à huit gros pour cent trenteniers et pour chaque lieue de chemin dans la erre seigneuriale. En 1685, il était de trois ou six deniers, suivant les ocalités.

l'autre ces deux droits, qui ne sont presque jamais énoncés séparément dans les chartes, qui même, vers le XIe siècle, semblent pris indistinctement l'un pour l'autre, ce qui a pu faire croire parfois à leur identification (1). On voit clairement, en effet, que, si tout pulvérage est une sorte de péage restreint, tout péage n'est pas un pulvérage, puisque l'un s'applique aux denrées, marchandises diverses, bêtes de somme et de luxe; l'autre s'applique exclusivement aux bêtes de l'espèce ovine et caprine (2).

Sans nous engager dans la question de savoir jusqu'à quel point l'établissement d'un droit de péage est contraire au droit des gens, à l'équité naturelle, à la liberté du commerce, etc., nous dirons que, depuis qu'il y a des hommes, il y a des chemins; que, depuis que des voies de communication existent, ces voies ont dû être entretenues,

---

(1) Dans une charte de l'abbaye de Boscodon (1028), Bertrand, comte de Forcalquier, donne au monastère de la Cluse... *omne pulveragium seu pedagium quod in dictis locis consueverat percipere;* le contexte nous prouve que le mot *seu* n'est pas identificatif, mais amplificatif. D'ailleurs, une requête de bailes qui demandent et obtiennent l'exemption du péage en payant le pulvérage et que nous extrayons du registre *Potentia*, f° 306, consacre bien cette distinction... *Empero aucuns d'avers que saduson en Provenca per uvernar et en mountagna per estivar et non per vendre, pourtans vieures et causas necessitousas sont compelits a payar passage: que plasec à la dicha majestat que daysi avant pagant* passage *sian quittes de* péage. — *Responsio: Placet regi dum tamen confiteantur publicanis; alias serventur pene statute.*

(2) Certains seigneurs, doutant si dans le mot *avers* on ne devait comprendre que les seuls troupeaux d'espèce ovine et caprine, l'interprètaient parfois dans le sens le plus favorable à leur droit. Le seigneur de Montpezat, partisan de l'interprétation la plus avantageuse, fit saisir des bœufs appartenant à des particuliers de Digne qui allaient les vendre à la foire de Barjols. L'assemblée générale des communes tenue en 1691 intervint au procès dans l'intérêt de la province, et il fut défendu par arrêt de percevoir le pulvérage sur les bœufs, chevaux, cochons, qui devaient seulement le droit de péage, celui de pulvérage ne s'appliquant qu'aux moutons, brebis, chèvres.

protégées, réparées, et qu'il n'est que juste que celui-là les entretienne, les répare, qui en tire profit. De là, l'origine du droit de péage, qui, à toutes les époques de l'histoire et sous des dénominations diverses et des formes variées a toujours été perçu par quelqu'un, soit individualité, soit collectivité, à la charge de pourvoir à la viabilité des chemins, qui s'est perpétué jusqu'à nos jours et que nous continuons de payer, ici, sous forme d'impôt affecté à l'entretien des routes, ailleurs sous la forme plus directe de cet impôt de capitation connu sous le nom de journées de prestation, véritable corvée réelle et personnelle, affectant gens, bêtes, véhicules, vénérable épave du moyen âge qui entretient sa pleine vitalité dans le milieu libéral que nous fait le XIXe siècle.

Que le droit de péage fût prélevé dans nos pays sous la domination romaine, il ne saurait être permis d'en douter. Si Rome, par une sage politique, laissait aux vaincus leurs institutions et leurs coutumes, elle ne manquait pas d'imposer à la province conquise le système fiscal en vigueur dans la métropole. Or, on sait combien les Romains étaient avides d'impôts. Pline nous les montre prenant un tribut pour l'ombre des arbres (1). « Il fallait acheter à prix d'argent la faculté de respirer », dit Libanius (2). A combien plus forte raison fallait-il payer le droit de circuler sur ces magnifiques routes que les maîtres du monde créaient et entretenaient à si grands frais ! Des compagnies de publicains affermaient du gouverneur les droits de passage, d'entrée, de transit ; on payait pour tout ce qu'on portait en voyage, et cela, à l'entrée de chaque diocèse, de chaque cité, de chaque bourg traversé par une voie romaine. Ce qui faisait que

---

(1) ... *Ac tributarium etiam detinens cœlum, ut gentes vectigal et pro umbra pendant.* (H. N., lib. XII, cap. I.)

(2) *Orat contra Flor.* — Damascène appelle les péages *publica latrocinia.*

partout il y avait des gardes, des voyers, dont les exactions étaient à peine refrénées par les lois qui punissaient les concussionaires. Sous Constantin, notamment, ces sortes d'impôts furent étendus, universalisés, tant au point de vue des lieux que de la qualité des objets soumis, de sorte que saint Jean Chrysostome, parlant de ce surcroît d'impôt, s'écriait, en parlant des Romains : « Les chemins y sont tributaires, l'air y est vénal (1). »

Sous les rois de la première et de la seconde race, les souverains paraissent jaloux de garder exclusivement pour eux les droits de péage commme un droit régalien, et font défense à n'importe qui d'en établir et d'en prélever. La charte de Dagobert « *de mercato Sancti-Dyonisii* », énumérant avec soin les impôts que ce marché doit faire entrer, partie dans l'escarcelle royale, partie dans celle du fisc, ne manque pas de signaler les péages sur les chemins, les ponts, les rivières (2), et les Capitulaires font défense expresse à tout particulier de prélever des droits de douane en cours de route, ni l'impôt de pulvérage et de rodage, ces droits faisant partie des revenus royaux (3).

Les comtes de Provence perçoivent les droits de péage dans les terres faisant partie du domaine comtal. A mesure qu'ils aliènent certaines terres, ils en aliènent aussi les droits. D'autres fois, ils gardent les terres et en détachent le droit de péage qu'ils donnent à tel monastère,

---

(1) ... *Viæ vectigales, aer venalis est.* (*Homil. sup. Psalm.*, 38.)

(2) ... *Theloneos vel navigios, portaticos, pontaticos, rivaticos, rotaticos, pulveraticos, saumaticos..., et ex omnibus quidquid ad partem nostram vel fisco publico de ipso mercato ex ipsa mercimonia exactari potuerat.* (*De mercato S*[ti]*-D.*)

(3) *Ut nullus homo presumat theloneum per vias, nec per villas rodaticum vel pulveraticum suscipere.* (Capitul., lib. VI, cap. CCXIX.) — *Rodaticum, rodage,* droit que le seigneur péager prenait pour une charrette vide ou chargée de marchandises, passant par le chemin public et royal, outre le péage dû pour raison de la marchandise portée.

à telle abbaye ; mais le plus souvent ils exemptent du droit de péage et de pulvérage les maisons religieuses qu'ils veulent favoriser. En l'an 1148, Raymond, comte de Toulouse et marquis de Provence, en exempte les Frères de la Chartreuse de Durbon (1). Plus tard, en 1218, Raymond Bérenger leur concède franchise de péage dans sa terre de Provence (2).

Contrairement au droit de pulvérage, qui était inhérent au fief, le droit de péage, étant purement royal, ne pouvait être établi que par l'autorité du souverain. Malgré cela, vers le onzième et le douzième siècle, plusieurs seigneurs en établissent sur leurs terres, de leur autorité privée, sous prétexte de création et d'entretien des chemins. Peu à peu, les péages se multiplient ; le moindre possédant fief arbore sa pancarte, y inscrit les droits les plus bizarres parfois, fait lever ce droit par ses fermiers à l'insu du comte ou malgré sa défense. Ceux qui possèdent des titres authentiques grossissent à plaisir les droits, multiplient les articles de la pancarte et commettent des exactions qui n'étaient autre chose que de vrais brigandages, assez communs, d'ailleurs, à cette époque où l'on avait de si singulières notions sur la justice et sur le droit des gens.

On comprend ce qui se passait. Les fils de France, princes du sang, jusqu'au sixième degré, les pairs du royaume, etc., passaient en franchise. Le couvent l'abbaye, le monastère obtenaient aisément les exemptions, pour eux, pour leurs denrées, leurs ustensiles, leurs troupeaux. Mais le marchand, le colporteur, le négociant, le paysan du bourg voisin ou de la ferme située dans les

---

(1) ... *Usaticum nec pedagium non donent de omnibus suis propriis rebus quas secum adduxerint.* (Chartes de Durbon, 227.)

(2) *Non donent in totam terram meam Provincie pedaticum neque lesdam nec aliquod usaticum in aqua scilicet nec in terra.* (Archives des Bouches-du-Rhône, B. 78, f° 426.)

champs ou perdue dans la montagne ne sortaient pas plutôt d'un péage qu'ils mettaient les pieds dans un autre. Combien cher leur coûtait l'objet rapporté de la foire de la ville voisine, pour peu que l'habitation fût éloignée! Et le mercier, l'épicier, l'apothicaire, le marchand qui allaient s'approvisionner à la foire de Beaucaire, voit-on d'ici les dépenses qu'ils devaient faire, les péages se multipliant sous leurs pas? L'excès poussé à ce point devenait un obstacle au commerce et portait un véritable préjudice à la fortune publique, au profit de quelques rapaces seigneurs.

D'autre part, les titulaires de péages authentiques ressentaient le contre-coup de ces usurpations, qui avaient pour conséquence de faire éviter le passage dans leur terre quand la chose était possible, de frauder le péage, d'immobiliser le commerçant, ce qui, dans un cas comme dans l'autre, se traduisait par une diminution notable du revenu sans diminution des charges correspondantes.

Des plaintes nombreuses furent portées à la Cour du comte de Forcalquier, et, en 1253, la comtesse Béatrix dut mettre bon ordre à ces usurpations, en abrogeant les péages usurpés et en réduisant aux dispositions strictes du tarif les péages anciens (1).

Ce serait mal connaître le caractère social de cette époque que de croire qu'une semblable décision, même rendue dans les formes les plus solennelles et appuyée de l'autorité souveraine, était capable de mettre un frein à la cupidité et à l'insolence des usurpateurs. Satisfaction était donnée momentanément aux réclamants ; un acte de justice était fait, une loi était portée; mais c'est un grand inconvénient, lorsque, dans une époque de la vie d'un peuple où la force prime le droit, le pouvoir qui édicte

---

(1) Nous aurons occasion de parler avec plus de détail de cette opération, quand nous traiterons du péage de Peypin.

une loi n'a pas sous sa main la puissance nécessaire pour en sauvegarder l'existence et en assurer l'exécution.

En ces temps sombres du moyen âge, où tout était pour le seigneur féodal occasion à profit, où il manquait souvent, non de denrées, mais d'argent monnayé, un péage était une source précieuse de revenu à laquelle il ne renonçait pas facilement. A défaut de titre, il avait sa volonté soutenue par sa lance. Maître dans son fief, du ciel jusqu'au centre de la terre, le haut et puissant seigneur connaissait-il chez lui un autre prince que lui-même? Aussi, vers 1300, 1400, les usurpations de péages vont en se multipliant d'une manière étonnante ; pas le moindre village des Alpes qui n'ait le sien, alors même qu'il est loin de toute rivière et de tout grand chemin public. Le pauvre fermier de péage ne parvient plus à se faire payer ; on l'insulte, on le menace, on le bat. Qu'à cela ne tienne ; le seigneur ira lui-même exiger son droit, la lance en arrêt, et se livrera, sous prétexte d'exaction, à un véritable brigandage (1).

Si, du moins, le péager, avide de recueillir le produit de son péage, eût été aussi diligent à entretenir la viabilité dans les routes qui traversaient ses terres ! Mais il arrivait fréquemment, au contraire, que là fussent plus mal entretenues les voies de communication, où se percevaient plus durement les droits de péage les plus exorbitants.

Quand les abus étaient trop multipliés et trop vexants et que le cri de la plainte avait pu se frayer un chemin

---

(1) Guillaume de Glandevès établit indûment un péage à Gréoux, concurremment avec celui de la Cour. Bermond de Glandevès refuse insolemment obéissance aux lettres de la Cour et se livre à des violences à propos du péage de Thorame-Haute. Boniface de Pontevès va, avec son fils, en armes, exiger le péage aux Angelasses, quartier de Pontis, se livre à de graves excès, à des sévices, etc. (Voir Archives des Bouches-du-Rhône, B, 1179, B, 1181, *et alibi*.)

jusqu'aux pieds du trône, on voyait parfois apparaître une ordonnance, rappelant aux péagers l'obligation qui leur incombait d'entretenir les chemins, comme celles de 1535 et de 1552, ou leur enjoignant de produire leurs titres au Parlement (1570). A cette injonction, la plupart des seigneurs, dépourvus de titres officiels, répondaient qu'ils avaient acquis le droit de péage par prescription et n'en continuaient pas moins leur usurpation.

Plus tard, en 1669, parut la fameuse ordonnance des eaux et forêts qui supprimait tous les droits établis depuis cent ans sans titre et disposait qu'à l'égard des péages établis avant les cent années par titres légitimes, dont la possession n'aurait pas été interrompue, les péagers, de quelque qualité qu'ils fussent, auraient à justifier de leur droit et de leur possession (1). De ce fait, plusieurs péages de Provence furent supprimés par les arrêts du conseil.

Le 30 janvier 1685, l'intendant rendit une ordonnance qui devait être affichée et publiée dans toutes les communautés. Elle disposait qu'au mois de mai chaque communauté déléguerait un consul au chef-lieu de sa viguerie, pour venir y déclarer devant les officiers de Sa Majesté quels étaient les droits de péage, pulvérage, layde, que le seigneur, la communauté ou la Cour percevaient dans le pays qu'il représentait. La portée de cette mesure, d'un caractère aussi démocratique qu'elle pouvait l'être, eu égard à l'époque où elle fut prise, n'échappe à personne. Le roi ne voulait pas s'en tenir aux renseignements trop intéressés des seigneurs péagers, et, pour battre en brèche les droits féodaux qui opprimaient le peuple, il voulait prendre ses armes ailleurs qu'au sein même de la féodalité. Les délégués se rendirent donc au jour indiqué au chef-lieu de la viguerie et firent leur déclaration. Nous les avons

(1) Ordonnance de 1669. Titre des droits de péage, travers et autres, art. 1 et 2.

toutes relevées aux archives des Bouches-du-Rhône. Les énoncer toutes, nous entraînerait trop loin ; bornons-nous à dire qu'à cette année 1685 les droits de péage, de pulvérage et de layde étaient en vigueur à des taux divers dans cent trente neuf communes de nos Basses-Alpes. Seule, la viguerie d'Annot eut l'honneur de pouvoir déclarer qu'en toute sa viguerie il ne se payait aucun droit de péage, de pulvérage et layde, sauf toutefois un droit de layde à Annot, le jour de foire, arrenté de 12 à 15 sols, et à Castellet-les-Sausses, où « on fait payer un sol par pourceau qui passe sur le pont (1) ».

Cette revue générale des péages et pulvérages amena la suppression, à brève échéance, d'un certain nombre d'entre eux.

Mais le grand coup qui devait abattre les péages usurpés, quelques péages authentiques dont les titres avaient été égarés, et provoquer l'abandon de certains autres par leur légitime propriétaire, ne devait être porté que dans le cours du siècle suivant.

Divers arrêts rendus en Conseil d'Etat, le 29 août 1724, le 24 avril 1725 et le 4 mars 1727, disposaient que tous les propriétaires des droits de péage qui se perçoivent dans toute l'étendue du royaume seraient tenus de représenter leurs titres au greffe de la commission établie pour la vérification desdits droits, sinon, et faute de ce faire dans le délai de six mois, que lesdits droits demeureraient éteints et supprimés pour toujours.

Beaucoup de péagers ne se trouvèrent pas en mesure de satisfaire aux arrêts et de produire leurs titres ; ils reçurent défense expresse de continuer à lever les droits perçus jusqu'alors, et leurs prétendus péages furent supprimés plus tard par arrêts du Conseil d'Etat.

A mesure que le pouvoir fauchait à pleines mains dans

---

(1) Archives des Bouches-du-Rhône, C, 2005, 20 mai 1685.

les péages injustifiés et les abattait par centaines, il pressait d'une manière rigoureuse l'exécution des lois et règlements qui obligeaient les péagers à l'entretien de leurs chemins et travaillait ainsi indirectement à l'extinction des péages.

Une ordonnance du 4 mai 1724 leur enjoignait, en effet, de faire procéder dans la quinzaine aux réparations des routes traversant leurs fiefs, « si mieux n'aiment, lesdits péagers, abandonner leurs droits de péage à ladite province ». Un règlement de 1757, article 2, renouvelle ces dispositions, met la construction des ponts et des chaussées à la charge exclusive des péagers, en dehors de tout concours de la province, viguerie ou communauté.

Or, l'aggravation de ces charges, d'une part, de l'autre, la diminution considérable du rendement des péages, qui étaient tombés en très grand discrédit, déterminèrent bon nombre de seigneurs à abandonner purement et simplement leurs droits à la province.

L'abandon spontané, d'une part, les suppressions, d'autre part, débarrassèrent en grande partie notre pays de cet impôt tout à fait impopulaire, et il ne resta bientôt plus que quelques péages très rares et très clairsemés, que le souffle révolutionnaire vint emporter et coucher pêle-mêle dans le gouffre où il venait de précipiter les autres droits féodaux (1).

---

(1) « 13. Les droits de péage, de long et de travers, passage, hallage, pontonnage, barrage, châmage, grande et petite coutume, tonlieu et tous autres droits de ce genre ou qui en seraient représentatifs, de quelque nature qu'ils soient...., sont supprimés sans indemnité. » (*Droits féodaux*, titre II, article 13 ; décret du 15 mars 1790, sanctionné le 28.)

II.

Le péage de Peypin. — Son importance. - Son ancienneté. — Guillaume, comte de Forcalquier, le donne, avec le Castrum, à Justas, qui épouse sa nièce Béatrix. — Justas exonère du péage la Chartreuse de Durbon. — Le péage de Peypin est reconnu et authentiquement confirmé en 1253. — Justas rédige et fait approuver la pancarte du péage. — Reproduction de cette pancarte (1285).

Peypin, village des Basses-Alpes, à quelques kilomètres en aval de Sisteron, sur la rive droite de la Durance, est situé un peu en dessous du point de jonction de la route nationale de Marseille à Gap et de la route départementale d'Apt à Sisteron.

La vieille route phénicienne, devenue *Via Domitia* après que Domitius l'eut fait réparer et dont le tracé n'a point varié en cet endroit depuis l'époque gallo-romaine, venait de Turin et se dirigeait sur Arles, en passant par Peypin. A ce point, elle se bifurquait ; une branche, nommée *Via Dexteri*, s'engageait dans la vallée de Lure et, suivant presque le même parcours qu'elle suit aujourd'hui, venait rejoindre, entre Mane et Saint-Michel, la voie gauche, *Via Sinistris*. Peypin se trouvait donc à la tête du débouché de la vallée de Lure, occupait en même temps la vallée de la Durance, à un point où cette vallée est assez resserrée entre la rivière et la montagne, et se trouvait au portes de Sisteron. On conviendra qu'un poste de péage était là placé dans les plus favorables conditions. Et l'on se rendra compte aisément de l'importance que dut avoir de tout temps ce péage, si l'on veut bien remarquer que les voyageurs, commerçants, colporteurs, merciers de la rive droite de la Durance, depuis Briançon jusqu'à Aix, Forcalquier, Avignon, Beaucaire, devaient suivre ce chemin royal, soit à l'aller, soit au retour, et devenaient conséquemment tributaires du péage de Peypin ; que, d'autre part, Forcalquier, capitale autrefois d'un comté souverain, Aix, capitale de la Provence, siège du Parlement, Avignon, séjour temporaire des Papes, siège d'une université et de la vice-légation, Beaucaire, avec ses foires légendaires où allaient s'approvisionner les marchands de toutes les parties de la France et d'au delà, devaient naturellement mettre en mouvement de nombreux voyageurs, une foule de négociants et de passagers (1).

Aussi bien, c'est de bonne heure qu'un péage y est établi ; et, en remontant vers son origine aussi loin que les documents écrits nous permettent de pénétrer, nous le trouvons entre les mains des comtes de Forcalquier comme régale mineure.

Or, en l'année 1206, Guillaume, comte de Forcalquier, ayant donné en mariage à noble Justas, Béatrix, fille de sa sœur Cote et d'Isnard de Saint-Vincent, lui concéda, ainsi qu'à Pons, son frère, le Castrum de Peypin, plus la moitié du Castrum d'Aubignosc, en franc-alleu, et l'autre moitié en fief simple. Il mit à cette concession les conditions suivantes : si sa nièce Béatrix venait à décéder la première sans héritiers, Justas et Pons posséderaient conjointement

(1) Cette foire, instituée par Raymond VI de Toulouse, en 1217, durait du 21 au 28 juillet ; elle a été l'une des plus importantes de l'Europe.

et même l'un après l'autre s'ils mouraient sans descendants; si Justas prédécédait sans héritiers, sa veuve devait hériter conjointement avec Pons son beau-frère. L'acte est passé à Forcalquier, le quatre des nones de septembre 1206. Nous n'hésitons pas à intercaler ici un extrait de cette pièce importante :

.... Presenti scripto cunctis notificetur quod Guillelmus, Dei gratia comes Forcalq., taliter retinuit Pontium et Justacium..., et ut esset suus bonus nepos et cordialiter amicus, in primis dedit Justacio neptem suam Beatricem, filiam sororis sue nomine Cote et Isnardi de Sancto Vincentio, in uxorem et dedit eis scilicet Pontio Justacio in hereditatem castrum de Podiopino et medietatem castri de Albinosco, quam habebat in dominio et aliam medietatem in feudo. Et si forte jam dictam neptem Beatricem premori contigerit sine heredem (*sic*), dictus Justacius et Pontius in vita sua ambo et etiam alter post alterum sine hereditabus (*sic*), ex dono comitis habere et possidere valeant. Et si etiam Justacium premori contingeret sine herede, supra dicta Beatrix in loco mariti similiter ex dono comitis habeat cum Poncio et possideat jam dictam hereditatem. Item dedit eis ducentas argenti marchas et absolvit eis obstagios quos habebat et tenebat pro viginti millibus solidis et decem municiones militum et decem equorum, et proprium equum corporis sui dedit Justacio et quemdam alterum Poncio.... Actum est apud Forcalquerium quarto nonas septembris 1206 (1).

Voilà donc Justas en possession de la seigneurie de Peypin (2). Nul doute que le comte Guillaume lui ait

(1) Archives des Bouches-du-Rhône, B, 25. — Cigny, f° 377, verso et 378.

(2) Remarquons en passant que, si ce fut par un mariage que la terre de Peypin entra dans cette famille, ce fut également par un mariage qu'elle en sortit, car, au commencement du XVIe siècle, elle passa aux Glandevès par le mariage de Jeanne de Justas, dernier rejeton de la famille, avec Hélyion de Glandevès. Jeanne testa le 17 novembre 1516, et, l'année suivante, Hélyion de Glandevès, son mari, fit hommage de la seigneurie de Peypin, en qualité d'héritier de Jeanne de Justas, son épouse.

concédé pareillement le droit de péage. Ce qui prouverait d'ailleurs, à défaut d'autre titre, que les Justas en avaient été authentiquement investis, c'est l'exemption du droit de péage, pulvérage et travers que les deux époux concèdent à la chartreuse de Durbon dans tout le territoire de Peypin; en l'an 1220 (1).

A ce moment déjà, les péages usurpés allaient se multipliant. Sans solliciter la permission du comte de Provence, de nombreux seigneurs en établissaient indûment dans leurs terres ; d'autres majoraient leur tarif, commettaient des exactions et rendaient ce droit très impopulaire et très onéreux.

Charles Ier d'Anjou avait été saisi de nombreuses plaintes à ce sujet. Après sa mort, des réclamations plus nombreuses et plus pressantes furent adressées à sa veuve, Béatrix, fille de Raymond Béranger. On la priait instamment de porter un sérieux examen sur les abus auxquels donnaient lieu les péages, d'abolir les nouveaux qui avaient été établis sans titres et de réduire les augmentations qu'on avait fait subir aux anciens.

La comtesse ordonna à son juge, Robert de Laveno (2), docteur es-lois, de convoquer les seigneurs, les nobles, les barons, tous les intéressés, pour étudier ensemble cette question. La réunion eut lieu à Forcalquier. Là, Imbert (3),

---

(1) *Notum sit presentibus et futuris quod ego Justas et uxor mea Beatrix, pro remedio animarum nostrarum et parentum nostrorum, donamus Deo et beate Marie et Sancto Joanni Baptiste et Willelmo, priori Durbonis, fratribus ejusdem loci presentibus et futuris pedaticum, usaticum et liberum transitum per Poipinum et per totam terram nostram*, etc. (Arch. des B.-du-Rh. *Reg Sapientia*, B, 78, f° 428, recto et verso.)

(2) C'est à tort que Fisquet (*France pontificale*, Digne, f° 59) appelle ce personnage « Robert de Lérins » ; la charte porte *Roberto de Leveno*, pour Laveno. Il était seigneur de Serres. (*Vide* Archives des Bouches-du-Rhône, B, 8. *Lividi*, f° 161.)

(3) *Alias* Humbert.

évêque de Sisteron, Foulque, de Puyricard, Geoffroy, de Tarascon, Artaud, seigneur de Venelles, et Robert, de Laveno, entourés des principaux possédant fiefs, décidèrent que, seuls, les péages de Pertuis, de la Brillanne, de Peyruis, de Peypin et de Céreste étaient justes et anciens et qu'ils devaient rester à ceux qui les possédaient, sauf à rechercher si les droits n'avaient pas été augmentés, ou si quelque article nouveau n'y avait pas été ajouté ; auquel cas, il y aurait lieu d'annuler les articles nouveaux et de réduire le péage au tarif antérieur ; sauf pareillement les franchises et concessions particulières dont se réclamaient, comme les tenant des comtes de Provence, les habitants de Forcalquier, Manosque, Beaumont et Montjustin. Quant aux autres péages et pulvérages et spécialement ceux de Châteauneuf, de Saint-Donat (1), de Volx, de Reillane, de Saint-Martin, de Carluec, de Pierrevert, de Sainte-Tulle, de Sainte-Marguerite, de la Tour-d'Aigues, de la Bastide-des-Jourdans, de Vitrolles, de Saint-Martin de la Brasque, des Beaumettes, de Saint-Vincent, qui sont perçus dans le comté de Forcalquier, « nous les annulons, dit l'assemblée, les déclarons indus, injustes, et prononçons qu'il ne faut pas les payer » (2).

Divers arrêts obligeaient les propriétaires de péage à faire afficher à demeure sur un poteau ou sur un endroit

---

(1) Le péage du bois de Saint-Donat, *nemus sancti Donati*, était possédé par Rossa, veuve de Rostan d'Agout. Par acte daté d'Apt, 4 mars 1225, elle avait donné libre passage et exemption de droit de péage et de pulvérage dans toute sa terre et spécialement à travers le bois de Saint-Donat à frère Hugues Bontoux, recevant au nom de la chartreuse de Durbon..... : *liberum transitum per totam terram meam et specialiter per nemus sancti Donati sine pedagio et usatico a quibus predictam domum liberam facio et immunem.* (Archives des Bouches-du-Rhône, B, 78. *Reg. Sapientia*, f° 428, verso, et 429.)

(2) Archives des Bouches-du-Rhône, B. 8. *Reg. Lividi*, f° 161, 1253, enregistré le 6 avril 1403.

éminent la pancarte contenant le tarif péager et à placer un barrier ou fermier qui, en prélevant les droits, devait faire connaître celui au nom de qui il les percevait Faute par le seigneur de satisfaire à cette obligation, les passants étaient en droit de refuser le péage. Les péagers n'avaient garde de manquer à cette double prescription. La pancarte, en effet, dûment homologuée et enregistrée à la Cour, constituait en leur faveur un acte probatoire d'une possession non interrompue. D'autre part, elle était une garantie pour le passant contre les tentatives de surexaction auxquelles se laissaient aller parfois les préposés, ou même les propriétaires du droit, malgré la rigueur des règlements concernant les exactions (1).

Les Justas rédigèrent donc un tarif. Il porte la date du quatre des kalendes de décembre 1285. Bien que postérieur de trente-deux ans à celui de Digne et de quinze ans à celui de la Brillane, que nous donnerons en leur lieu, il se présente néanmoins avec un caractère d'antiquité respectable que peu de documents de ce genre possèdent. Il contient, d'ailleurs, une variété de détails singuliers qui en font une pièce curieuse et digne d'être étudiée. Ces raisons nous engagent à le donner tout au long et aussi exactement que nous avons pu le

---

(1) Un arrêt du 10 décembre 1678 nous apprend que maître Beraud, procureur du roi en la justice de la ville des Mées et propriétaire du droit de péage, atteint et convaincu du crime de surexaction, fut condamné à une amende de 300 livres envers le roi, à une autre de 600 livres envers la communauté qui l'avait accusé, et à la restitution des sommes surexigées modérées à 300 livres, appliquées à l'hôpital Saint-Jacques d'Aix. — Sous Constantin, les coupables de surexactions étaient condamnés au bannissement, et les préposés étaient punis de peines corporelles. « *Rei tanti criminis perpetuo exilio puniantur.* » (*Cod. de superexactionibus et Cod. vectigalia nova institui non posse.*)

relever au registre *Magdalena*, f° 101, B, 26, archives des Bouches-du-Rhône :

Hoc modo debet accipi pedagium Podiipini
et de mercaturis subscriptis levari.
Anno Domini
millesimo CCLXXXV, IIII. K. decembris.

Primo debet accipi de una saumata salis sive animal grossum *vel* asini..................	III oboles (1).
Item de una saumata bladi sive animal grossum *vel* asini..........................	II denar. (2).
Item de una saumata de metadia sive de blat metadier............................	II den.
Item de una saumata de nucibus.............	II den.
Item de una saumata de rupho (3)...........	II den.
Item de una saumata de pomis, II den., *vel* duas denayratas (4)....................	II den.
Item de una saumata de seresiis, II den., *vel* duas denayratas........................	II den.
Item de una saumata de piris, II den., *vel* duas denayratas............................	II den.
Item de una saumata de millegranis, II den., *vel* duas denayratas (5)...................	II den.
Item de una saumata de rapis, II den., *vel* duas denayratas............................	II den.
Item de una saumata cinerum..............	I ob.

(1) Obole, sous-multiple du denier et en valant la moitié, soit 0,0390.

(2) Le denier valait à l'époque environ 0,0781.

(3) Bois de roux servant à la teinture.

(4) *Duas denayratas* signifiait une quantité de marchandise égale à la valeur de deux deniers.

(5) Millegranis, Grenades ; en provençal : *miougrano*.

Item de una saumata charboni..............	I ob.
Item de una saumata vini..................	I den.
Item de una saumata de glan...............	I ob.
Item de una ove...........................	I ob.
Item de uno agno..........................	I ob.
Item de una capra.........................	I ob.
Item de uno menono........................	I ob.
Item de uno mutone........................	I ob.
Item de uno chabrillono...................	I ob.
Et sic multiplicantur pro quolibet animali predictorum generum et specierum.	
Item de uno bacono porci (1)...............	II den.
Item de una equa que tendit in messibus......	IIII den.
Et quando revertitur per dictum locum de Podiopino cum blado quod lucrata erit, tunc non solvit pedagium pro ipsa equa, tamen, de blado pro qualibet saumata debet solvere prout supra II den................	II den.
Quandovero equa tendit in uvernalha, pro quolibet animali (2)....................	IIII den.
Et quando revertitur totidem...............	IIII den.
Item quando equa tendit provendendo........	VI den.
Item de uno equo quando tendit pro vendendo, sine cella............................	VI den.
Item cum cella............................	XII den.
Item de uno mullo quando tendit pro vendendo..............................	XII den.
Item de una mulla quando tendit pro vendendo..............................	XII den.
Item de uno equo de precio qui tendit pro vendendo aut quando est emptus.............	V solidos.

(1) Le lard d'un porc et, par extension, le porc salé.
(2) *Uvernalha*, quartiers d'hiver.

Item unus ferus (1)........................	IIII den.
Item unus azinus quando tendit pro vendendo, *vel* emptus..............................	II den.
Que omnia predicta duplicantur tribus diebus nundinarum civitatis Sistarici, excepto sale.	
Item pro quolibet animali deferente bastum, sine saumata, pro bastagno................	I den.
Salvis tamen animalibus Baussenquorum scilicet de Mayranicis, de Podio Ricardo, de Aguilha, de Vitrola, et ista castra predictorum locorum, non debent solvere pedagium de basto; attamen de aliis tenentur solvere pedagium ut ceteri homines. Item homines de Castro novo, de Castro Arnulpho, de Monte forti et de Sancto Donato non debent solvere bastagium, tamen de aliis tenentur solvere ut ceteri.	
Item de una pelle azini *vel* bovis *vel* alie bestie grosse..............................	I den.
Item quando una bestia deffert quatuor *vel* plus pelles grossas, non debet solvere pro pedagio nisi IIII den......................	IIII den.
Item de una faïssa de corio adobato de solis (2)...	VI den.
Item ficus in saco	VI den.
Item collerius qui portat frucham *vel* sal, piras, pomos, vel milgranas....................	I den.
Item bestia que portat violetas, *vel* rosas.....	VIII den.

(1) *Ferus*, un fer ou furet.

(2) *Corio adobato* signifie assurément cuir préparé; nous avouons que la traduction « *de solis* » nous embarrasse. Serait-ce le cuir de Soliers? Serait-ce le cuir apprêté pour la confection des souliers?..... Le document porte bien *de solis*.

Item pro uno vase........................ II den.

Item bestia que fert pisces grossos, duos pisces, *vel* pedagerius debet ponere manum et accipere illos quos ad ejus manus devenerint sine respiciendo.

Item bestia que portat tonn, *vel* palamida XII den. *vel* XII denayratas... .... XII den.

Item ficus de sportino...................... VIII den.

Item bestia que fert saumatam caseorum...... VIII den.

Item bestia que fert ferrum non operatum..... VIII den.

Item bestia que fert ferrum operatum......... XII den.

Item bestia que fert lanam.................. VIII den.

Item bestia que fert mutonnas cum lana (1)... VIII den.

Item bestia que fert mutonnas basanas........ VIII den.

Item bestia que fert tellas lineas et canabessas. VIII den.

Item bestia que fert tellas lannas............ VIII den.

Item bestia que fert canapum................ VIII den.

Item bestia que fert pelles pelosas et chabrotinas.............................. IIII den.

Item de una balla dacier.................... IIII den.

Item bestia que portat cuminum............. VI den.

Item bestia que portat cuprum sive cuivre..... VIII den.

Item bestia que portat plumbum............. VIII den.

Item bestia que portat stagnum (m. p. stannum)................................. VIII den.

Item bestia que portat cacabes novos......... IIII den.

Item bestia que portat cacabes veteres, pro basto .... I den.

Item collerius qui portat cacabes............ II dem.

Pro uno cacabes emptus ad mercatum........ I den.

Item una faulx............................ I den.

Et quando revertitur non debet solvere

---

(1) *Mutonnas*, peaux de moutons avec la laine, par opposition à la peau dépouillée de sa laine, qui, dès lors, prend le nom de basane.

pedagium dummodo ostendat signum solvisse pedagium pro ipsa faulce descendendo *vel* ascendendo.

Item de una serra transversiera .... I den.

Item unus trocellus de draperia de Francia *vel* de Genna.............................. XII den.

Item trocellus de Cordoano................. XII den.

Item bestia que portat ceram............... XII den.

Item bestia que portat chabrocios........... VIII den.

Item bestia que fert species scilicet piperum, gingember, girofle et aliam materiam especierum .... XII den.

Item bestia que fert amendonos amadalonorum. VIII den.

Item bestia que fert amendolas cum crouello (1). II den.

Item bestia que fert riz et cotonum et alia similia.............................. VIII den.

Item collerius qui tendit ostiatim non debet solvere pedagium nisi de basto.

Item de una mola molendini .... I den.

Item bestia que fert motiers (m. p. mortiers) et molas petitas .... II den.

Item bestia que fert entes, II entes ; collerius qui fert entes, unum entum.

Item bestia que fert oleum *vel* mellem aut mellassa.............................. VIII den.

Item bestia que fert cuniculos cum pellibus, unum cuniculum.

Item bestia que portat breissas............... VIII den.

Item mercerius qui tendit ad Provinciam. XII den.

Quando tendit ad castra causa vendendi, non debet solvere pedagium nisi de basto....... VI den.

Item troceria completa .... XII den.

---

(1) Avec le noyau; de là, le mot provençal : *crouvèou.*

Item de uno englume........................	II den.
Item de uno pari boffarium (1)...............	II den.
Item rauba de megaria......................	II den.
Pro uno sagimine (2)........................	I den.
Item de una duadena cuniculorum...........	II den.
Et si portat sex cuniculos..................	I den.
Item bestia que portat garnisonas............	XII den.

Item bestia que portat lanceas, duas lanceas; si est collerius, unam lanceam.

Unus cutellus emptus..........................	IIII den.
Item homo qui portat correum *vel* tellam aut aliam rem de pes............................	III den.
Item bestia que fert sardinas *vel* bugos aut pisces minutos, II den, *vel* duas denayratas.	II den.
Item de una balla allencorum...............	IIII den.

Item de una jarra tonne, duas primas pecias (3).

Item tella que portatur ad paratorium........	III den.

Sed quando portatur in paratorio Domini, non solvit pedagium.

Item tella que venit a textore debet solvere pedagium.

Item bestia que fert fillatos causa vendendi....	VIII den.
Item bestia que portat libros legum..........	VIII den.

De omnibus autem rebus pro quibus et de quibus hic non habetur doctrina minus que fit mentio et de quibus solitum est solvere pedagium, recurritur juxta modum et ritum debitum et honestum aliorum pedagiorum et, super hoc, conscientia pedagerii oneratur.

---

(1) *Pari boffarium*, une paire de soufflets; en provençal : *dè bouffés.*

(2) *Sagimine*, un saindoux : *un saïn.*

(3) Les deux premières pièces.

C'est sur cette pancarte que furent levés les droits du péage de Peypin par les Justas, jusqu'au jour où le péage passa de leurs mains en celles des Cellay, comme nous le dirons ci-dessous.

III.

Le péage de Peypin cédé aux sieurs de Cellay. — Ils le possèdent depuis 1310 jusqu'en 1338. — La pancarte est modifiée. — Les religieuses de Sainte-Claire de Sisteron achètent le péage. — Lettres patentes confirmant la possession. — Contestations nombreuses et tentatives diverses en vue d'éluder le péage. — Son produit. — Procès. — Le péage est confirmé à l'Abbesse. — Nouveau tarif.

Les Justas, on ne sait pour quelle raison, ne gardèrent pas aussi longtemps que la seigneurie le péage de Peypin. Il fallut, sans doute, des motifs bien impérieux pour les décider à démembrer de leur fief ce droit spécial, dont les seigneurs étaient généralement très jaloux et qui ne constituait pas le moindre de leurs revenus en espèces sonnantes.

Toujours est-il qu'en l'année 1310 Isnard Justas, tuteur et aïeul de Pons Justas, fils de feu Raymond (qu'il avait émancipé), agissant en qualité de tuteur dudit Pons, vendit la moitié du péage de Peypin à nobles Etienne et Pierre de Cellay, chevaliers, seigneurs de Noyers et de Quinson (1). L'investiture leur en fut donnée par le

(1) Quinson, arrière-fief, aux environs de Noyers, n'a rien de commun que le nom avec le village ainsi nommé relevant de la viguerie de Barjols.

bayle de la Cour royale de Sisteron, moyennant le payement du droit de lods.

Pons Justas ne tarda pas d'aliéner lui-même l'autre moitié du péage en faveur des mêmes sieurs de Cellay, « avec autres effects »; de sorte que ce droit passa, en fort peu de temps, de la famille de Justas à la famille de Cellay, qui le posséda et l'exploita depuis l'année 1310 jusqu'à l'année 1338.

Or, n'est-ce pas au cours de cette période de vingt-huit ans que fut dressée et appliquée une certaine pancarte que l'honorable historien de Sisteron signale en passant, d'une manière malheureusement trop vague, dans le second volume de son savant ouvrage, et qui, d'après lui, ne peut être postérieure à la première moitié du XIVe siècle? « C'est, dit-il, sur l'autorité d'une vieille pancarte que nous réunissons ici ces deux sujets (filles de joie, juifs) assez disparates. Mais nous les trouvons accolés et pour ainsi dire accouplés parmi les bêtes de somme qui, au passage de Peypin, devaient le péage à nos Dames religieuses de Sainte-Claire. Ce document, ajoute-t-il, n'a point de date; mais il ne peut être postérieur à la première moitié du XIVe siècle. Devenu, par le laps de temps, presque inintelligible, il fut traduit en français. C'est là que nous voyons, entre un chien et un cheval, la femme de joye et un juif, soumis à payer chacun cinq sols. » Et, en note, l'auteur ajoute ceci : « Extrait de la pancarte sur laquelle le droit de péage de Peipin, appartenant au monastère royal de Saincte-Clère de la ville de Sisteron, doit être exigé au dict lieu de Peypin (1). »

C'est là tout ce que cet estimable historien nous dit de cette singulière pancarte, qu'il aurait bien dû nous donner en entier, comme il nous a donné celle du péage

---

(1) *Histoire de Sisteron*, par de Laplane, t. II, § III, p. 469.

de la Baume; tout au moins eût-il dû nous faire connaître le dépôt où elle gît.

Aussi, plusieurs questions se présentent à l'esprit au sujet de ce document. Cette pancarte a-t-elle existé? Nous ne saurions le mettre en doute, devant l'affirmation d'un savant aussi consciencieux, aussi éclairé que l'était M. de Laplane.

Cette pancarte, où est-elle? Nous ne savons pas où elle est; mais nous savons mieux où elle n'est pas et où elle devrait être. On n'en trouve aucune trace dans le dépôt d'archives des Basses-Alpes, ni dans l'inventaire du fonds communal de Sisteron, ni aux archives des Bouches-du-Rhône. Cette pancarte avait-elle un caractère d'authenticité? Le défaut de date, le défaut de transcription sur les registres de la Cour constituent une présomption grave en faveur de l'opinion contraire.

Selon nous, cette pancarte n'était autre chose qu'une transcription de la pancarte de 1285, dans laquelle l'avidité des péagers, probablement des Cellay, avait dû introduire, intercaler quelques articles supplémentaires, comme le chien, le juif, etc., et cela dans un but qui se devine aisément. Quand les religieuses achetèrent le péage, elles firent reproduire pour leur usage la pancarte qui servait aux Cellay, et ce fut sur cette pancarte ainsi augmentée que, de toute bonne foi, elles levèrent le droit péager, jusqu'au jour où Marie de Castellet, abbesse, ayant appris que Justas, seigneur de Peypin, possédait un registre où se trouvait consignée la manière de prélever le péage, et que ce registre était déposé aux minutes de Silvestre Raynaudy, notaire de Peypin, elle le pria d'en lever copie conforme (7 août 1512). L'abbesse ajoute qu'à la vérité une copie avait été levée jadis sur ce registre, mais qu'elle est devenue incorrecte, considérablement augmentée et, en tout cas, différente de l'original. Ce fut donc sur la demande de l'abbesse que fut levée la pancarte du 7 août 1512; ce document n'est que la traduction de celui de 1285, et il servit plus tard de modèle au tarif que dressa le conseil d'Etat, en confirmant aux religieuses le péage de Peypin (1).

A la demande d'Alasie de Mévolhon, dame de Curban, et sur les instances réitérées des habitants de Sisteron, Gérarde de Sabran, abbesse du monastère de Sainte-Claire d'Avignon, était venue, accompagnée de douze religieuses, d'une Sœur converse et de deux servantes, fonder une Maison de son Ordre à Sisteron (1285).

Ce monastère était fort pauvre. Ses revenus consistaient en douze saumées de blé, autant de vin, plus quarante sous viennois, à prendre chaque année sur la seigneurie d'Upaix, à la charge de deux anniversaires et de la récitation quotidienne par chaque religieuse d'un *Salve Regina* pour le repos de l'âme du dernier dauphin, Humbert II ; il percevait, en outre, les deux douzièmes du gros péage et un sixième du petit péage de la Baume.

Un cadeau véritablement princier devait bientôt assurer à ce monastère de meilleures conditions d'existence.

Par acte du 5 novembre 1337, indiction VI, donné à Naples, Robert, roi de Jérusalem et de Sicile, déclare que Sancie, son épouse, veut donner pour son salut, celui de

---

(1) Le notaire Raynaudy, parlant de l'abbesse Marie de Castellet, expose qu'elle a appris que.... *magnificum et potentem virum Ludovicum Justacii dominum jam dicti loci de Podiopino habere quoddam registrum pedagii predicti loci quod exhigitur et levatur in jam dicto loco de Podiopino et quomodo et qualiter exhigi et levari debet dictum pedagium in eodem registro continetur, in quo quidem registro fuit levata quedam copia in papiro desumpta non bene correcta, nunc longa et longissima in eodem registro differens et discrepans et non conveniens et cum intellexerit et ad suas pervenit aures dictum registrum penes me Silvestrum, bajulum et notarium publicum predicti loci de Podiopino existere et in futurum. Pedagium possit velle plus aut aliter exhigere sive levare quam in dicto registro continetur. Itaque dictum pedagium juxta mentem formam et tenorem ipsius registri exhigere et levare precepit,* etc. — A la suite de cette injonction, Silvestre Raynaudi transcrit la pancarte demandée, qui est celle de 1285.

son mari et la rémission de leurs fautes à tous deux, mille onces d'or (1) à chacun des monastères de Sainte-Claire établis aux villes ou terres d'Avignon, d'Arles, de Sisteron, de Marseille et de Manosque, pour les besoins desdits monastères, à la condition que ces diverses sommes seront affectées à l'acquisition de biens immeubles dont les revenus fourniront des ressources alimentaires aux religieuses et autres personnes vivant au monastère. Sur les instances de la généreuse donatrice, le roi Robert dispose que ces acquisitions seront exemptes des droits de lods et trezain revenant à la Cour, et que ceux qui acquerront au nom desdits monastères pourront exercer en leur faveur le droit de prélation comme le ferait la Cour royale elle-même.

Une fois en possession de cette somme, les Religieuses Clarisses eurent hâte de lui donner l'affectation stipulée dans l'acte de donation ; et, dès le 20 août 1338, Béatrix de Saint-Vincent, abbesse, tant en son nom qu'au nom des religieuses de son monastère, acheta d'Etienne Cellay, sieur de Noyers, de Jean Cellay, son frère, sieur de Quinson, de Françoise, épouse d'Etienne, de Marguerite, épouse de Jean, celle-ci tenant Pierre son fils, le péage du lieu de Peypin, avec ses droits et dépendances, pour la somme de 1,700 florins d'or de Florence, par-devant Me Arpille Jacques, notaire à Sisteron (2).

---

(1) L'once d'or valait cinq florins ; le florin valait 20 francs, valeur relative ; les mille onces d'or valaient donc 100,000 francs.

(2) La valeur relative du florin d'or, à cette époque, étant de 20 francs, le péage aurait été acheté pour la somme de 34,000 francs. Le surplus fut employé à l'acquisition de certains fonds en terre de Mison. Un arrêt de la Cour déchargea les religieuses de Sainte-Claire des droits d'indemnité, parce que le comte de Provence, avant l'inféodation de la terre de Mison, avait permis au monastère, par lettres patentes, d'y acquérir des biens. (*Vid.* titre III du droit d'indemnité. Jurisprudence observée en Provence sur les matières féodales.)

Une fois le péage acquis, il fallait en recevoir l'investiture parce que ce péage était sous la majeure directe de la Cour; le nouvel acquéreur devait donc reconnaître authentiquement par l'hommage cette juridiction souveraine. C'est ce que fit l'abbesse Béatrix de Saint-Vincent. Elle se rendit à Aix et reçut de Philippe de Saginet, grand sénéchal de Provence, l'investiture du péage de Peypin, en présence de Jean de Revest, maître rational, François de Barbe, Mathieu de Porte, juges des premières et secondes appellations, et du Chevalier Aycard, de Pierrefeu, Valentin Bernard, de Gardanne, écrivant comme notaire.

Voici un extrait de la charte qui mentionne l'achat du péage et son investiture en faveur de l'abbesse de Sainte-Claire de Sisteron :

In nomine Domini Nostri Jesu Christi, amen. Anno incarnationis ejusdem millesimo trecentesimo trigesimo nono die XV mensis decembris, VIII indict. in civitate aquensi in regio palatio civitatis ipsius, regnante serenissimo principe et Domino nostro Domino Roberto, Dei gratia rege Jerusalem, etc..... Ex tenore hujus instrumenti publici, universis pateat tam presentibus quam futuris quod constituta coram viro magnifico Domino Philippo de Sangineto, milite regio dictorum comitatuum provincie et Forcalquerii senescallo, venerabilis et religiosa Domina Beatrix de Sancto-Vincentio, abbatissa conventus monasterii Sancte-Clare de Sistarico, supplicavit humiliter eidem Domino Senescallo ut cum ipsa nomine suo et monialium dicti monasterii et conventûs ejusdem ac pro ipsis monasterio et conventu de pecunia eidem monasterio eleemosinaliter data per inclitam Dominam nostram Dominam Jerusalem et Sicilie reginam, emerit a nobilibus viris Domino Stephano Selley Domino castri de Noerys et Domino Joanne Sellay Domino de Quinsono militibus fratribus de Cistarico ac Domina Francisca ipsius Domini Stephani et Domina Margarita dicti Domini Joannis uxoribus necnon Petro filio Domini Johannis predicti pedagium cum omnibus juribus et pertinentiis suis dependentibus et emergentibus ab eodem pedagio quod percipitur et percipi potest et ad ipsos venditores pertinebat et pertinere poterat in castro de Podiopino et ejus territorio seu districtu precio finito et convento florenorum auri de Florentia boni et justi ponderis mille septingentorum prout in instrumento publico facto manu Jacobi Arpille, notarii publici *auctoritate dicti Domini nostri Regis*, sub anno Domini millesimo CCCXXXVIII die vicesimo mensis augusti VI indict...... egeat que prefata abbatissa pro ipso monasterio super emptione hujus modi laudatione, investitura dicti Domini senescallis pro eo quod pedagium ipsum cum omnibus juribus et pertinenciis suis sub majori dominio et segnoria curie regalis tenetur..... emptionem ipsam prefate Domine abbatisse pro ipso monasterio *et conventu, presenti, recipienti et stipulanti* laudavit, confirmavit et approbavit pro parte regie curie memorate, recepta et reservata donatione et cessione juridictionis pro curie parte ac fructu ipsius si quod contingat provenire in futurum ex ea ac reservato semper predicto beneplacito regio absque aliqua receptione laudum seu trezeni prout in ipsis litteris regiis continetur ac ipsam abbatissam quo supra nomine presentem et requirentem..... investivit ad habendum tenendum et possidendum et *alia faciendum* que de jure possunt omni jure, modo et forma quibus ad id melius admitti potest et debet, juribus aliis regie curie et alterius cujus cumque ac conditionibus reservationibus in dictis litteris regiis appositis et reservatis in omnibus semper salvis (1).....

---

(1) Nous devons relever ici, sur la foi du document que nous citons, une inexactitude commise par M. de Laplane et reproduite par M. Feraud. Au tome II de son *Histoire de Sisteron*, page 379, Laplane indique Suriane d'Arenc comme abbesse en 1339. La charte ci-dessus prouve qu'en 1339 l'abbesse était Béatrix de Saint-Vincent ; qu'en 1338, c'était la même Béatrix qui était abbesse, et non pas Alixende de Vins. Feraud, dans ses *Souvenirs religieux*, page 79, dit également qu'Alixende de Vins était abbesse en 1338, et Suriane d'Arenc en 1339. Le même document nous sert à relever l'inexactitude de ces deux historiens, dont le premier n'avait probablement pas vu la charte que nous citons, et dont le second s'était borné à citer ces noms et ces dates sur la foi du premier, sans chercher autrement à contrôler l'exactitude de son allégation.

A partir de ce moment, les Dames Clarisses de Sisteron, régulièrement investies du droit de péage dans la terre de Peypin, firent prélever ce droit par un fermier qui logeait au point du péage, ouvrait et fermait la barrière, expliquait la pancarte et versait entre les mains de l'abbesse le produit des droits prélevés.

Mais si l'acquisition de ce droit fut fort aisée, grâce à la libéralité de la reine Sancie, sa jouissance ne fut pas toujours paisible et tranquille.

Les seigneurs voisins, les habitants de Sisteron, les Justas, les voyageurs venant des terres Baussenques, la commune enfin, d'accord avec Camus, plus tard seigneur de Peypin, suscitèrent tour à tour des obstacles, élevèrent des prétentions, intentèrent même des procès qui troublèrent, à la vérité, la jouissance d'un droit légitimement acquis, mais ne parvinrent qu'à en faire confirmer plusieurs fois la possession par l'autorité souveraine.

Tout d'abord, certains seigneurs du voisinage virent d'un œil jaloux des religieuses exercer des droits seigneuriaux sur des terres dont elles n'avaient pas la majeure directe. Tandis que les uns leur contestaient ce droit, d'autres faisaient mille tentatives pour le faire éluder par leurs serfs, pour en rendre la perception difficile, tout au moins pour en réduire le revenu à un chiffre insignifiant. Ces violents envahisseurs du bien d'autrui savaient bien que de pauvres femmes n'étaient pas en état de se mesurer avec eux et de défendre leurs droits, la lance au poing. Les pauvres opprimées implorèrent le secours de la protection royale. La reine Jeanne se fit, en effet, un devoir de les protéger, et, par lettres patentes du 25 mars 1368, elle enjoignit au sénéchal de Forcalquier de maintenir l'abbesse et les religieuses de Sainte-Claire de Sisteron dans la possession du droit de péage à Peypin et de leur en assurer la jouissance.

Un peu plus tard, les habitants de Sisteron, qui, en vertu

d'une concession octroyée par le dernier comte de Forcalquier, Guillaume IV, en 1202, étaient affranchis du droit de péage, se virent contester par quelques seigneurs le droit à une exemption qui, disaient-ils, blessait leurs intérêts (1437-1438). La ville, sans vouloir poursuivre une procédure ruineuse que le crédit de ses adversaires pouvait indéfiniment prolonger, députa un de ses syndics, Boniface de la Motte, auprès du roi René, en ce moment à Naples. Le monarque réprima les prétentions des seigneurs turbulents et confirma dans toute sa plénitude la franchise de péage dont jouissait la ville de Sisteron.

René voulut-il dispenser les Sisteronnais du péage de Peypin ? Ceux-ci le prétendirent ; mais l'abbesse fut d'un avis contraire, et, malgré la protection des officiers royaux, qui favorisaient ouvertement les habitants de la ville, elle intenta un procès qui alla devant la Cour royale d'Aix. Sans en suivre les péripéties diverses, bornons-nous à dire que le sénéchal rendit un décret qui maintenait les religieuses dans leur ancien droit et ordonnait aux officiers de Sisteron de les y soutenir jusqu'à la décision définitive de la cause, laquelle demeura impoursuivie (1).

Après Sisteron, ce fut de Justas que vinrent les ennuis.

Jean Justas, seigneur de Peypin, voulut contraindre les religieuses au payement d'une redevance annuelle prélevée sur le péage situé dans sa terre et qui aurait, à ses yeux, le caractère d'un cens récognitif de sa seigneurie. Il intenta, dans ce but, un procès à l'abbesse ; mais, avant de plaider, les parties remirent sagement leurs intérêts au

---

(1) D'après Chopin, *De Sacra Politiq.* — Menoch, *Presumpt.*, lib II, cap. IX. — Les exemptions accordées par le souverain ne s'étendent point aux péages déjà concédés, parce que le prince n'est pas présumé vouloir faire le préjudice du tiers et ne peut récompenser du bien d'autrui.

jugement de magnifique Foulque d'Agout, seigneur de Sault et de Mison, qui, en effet, décida le payement d'une cense annuelle et variable entre les mains des Justas (1). Cette sentence, si elle reconnaissait la suzeraineté du seigneur, n'en confirmait pas moins la légitimité des droits de l'abbesse.

Mais, quelque légitimes qu'ils fussent, ces droits n'en étaient pas moins contestés parfois encore et souvent éludés. Les étrangers ne négligeaient rien pour y échapper, soit en évitant le péage quand ils le pouvaient commodément, soit en alléguant des prétextes, des exemptions prétendues dont ils n'étaient pas toujours en mesure de justifier.

On conçoit fort bien que les commerçants qui allaient s'approvisionner aux foires d'Aix, de Sisteron, de Beaucaire et autres lieux, et avaient à traverser avec leurs bestiaux les nombreux péages qui s'échelonnaient tout le long de leur route, devaient trouver par trop onéreuse la répétition multipliée de ces droits, et il fallut plus d'une fois l'intervention du bailli de Peypin pour prêter main-forte au barrier, qui ne parvenait pas à faire respecter les droits de l'abbesse. Plusieurs communautés des environs de Sisteron se réclamèrent de leur titre de terre Baussenque pour jouir d'une franchise que ce privilège ne leur accordait pas. Montfort et Châteauneuf, sur la rive droite, l'Escale et Volonne, sur la rive gauche de la Durance, étaient dans ce cas, et, exemptes en fait du droit de bastage, se le prétendaient pareillement du droit de péage. La Cour, devant qui fut porté le débat, ne fut pas de cet avis, et, par sentence du 27 mars 1517, les maîtres rationaux condamnèrent les habitants de ces conmunes au payement du droit de péage dans la terre de Peypin, nonobstant les privilèges et exemptions allégués.

---

(1) Acte reçu par Béranger Arpille, notaire à Sisteron

C'est au cours de ce procès que fut produite la pancarte traduite en français de l'époque, et qui n'est que la reproduction, avec de légères modifications, de celle de 1285. Nous la donnons ci-dessous (1) :

TENEUR

de la forme en laquelle se doit prendre et lever le péage de Peipin et des marchandises sy après nomées.

Et premièrement, ce doit prandre d'une charge de scel, soit grosse beste ou d'asne	trois obolles.
Pour une charge de bled, soit de grosse beste ou d'asne	quatre deniers.
Pour une saumade de metadier	deux deniers.
Pour une charge de nozes	deux deniers.
Pour une saumade de roux	deux deniers.
Pour une saumade de pommes	deux deniers.
Pour une saumade de seriesses (2)	deux deniers.
Pour une saumade de prunes	deux deniers.
Pour une saumade de migraines	deux deniers.
Pour une saumade de rabes	deux deniers.
Pour une saumade de poires	deux deniers.
Pour une saumade de sendres	une obolle.
Pour une saumade de charbon	une obolle.
Pour une saumade de vin	un denier.
Pour une saumade de glan	une obolle.
Pour une féde	une obolle.
Pour un agneau	une obolle.
Pour une chèvre	une obolle.
D'un menon	une obolle.
D'un mouton	une obolle.

(1) Elle fut enregistrée le 7 août 1512.

(2) Cerises.

Pour un chabrillon .... une obolle.

Et ainsi se multiplie pour chasque bestail de la susditte qualitté et espèce.

Pour un bacon pourceau (1)...................... deux deniers.

Pour une eque allant à moissons (2)............. quatre deniers.

Quand sen retourne par ledict lieu de Peipin avec le bled qu'elle a gagné par ladite cavalle ne paye rien; toutefois, pour chaque charge de bled doit payer comme dessus, deux deniers, et toute fois et quantes que la cavalle va en vuernailles, pour chacune, quatro deniers, et quand retournera autant.................................. quatre deniers.

Et quand passe pour laller vandre............... six deniers.

Pour un cheval, quand passe pour le vandre, sans scelle.. six deniers.

Et ayant scelle................................ douze deniers.

Un mullet, quand passe pour laller vandre....... douze deniers.

Et pour une mulle, quand passe pour laller vendre. douze deniers.

Pour un cheval de prix que passe pour le vendre ou quand il est achaipté....................... cinq sols.

Pour un furet.................................. quatre deniers.

Pour un asne, quand passe pour le vandre ou quil est achaipté................................. deux deniers.

Et tout ce que dessus sera payé le double durant les trois jours des foires de la ville de Sisteron, excepté le scel

Pour toute beste portant bast sans charge, pour le bast.. un denier.

Excepté toutefois le bétail Bausenc, scavoir de Meirargues, de Préricard *(sic)*, d'Aguilles, de Vitrolle, lesquels châteaux desdits lieux ne sont tenus payer péage du bast, toutefois d'autres

---

(1) *Bacon* signifie *lard*, ou plus généralement *porc salé*.

(2) *Eque*, de *equa* : jument.

choses sont tenus payer comme les autres hommes des autres lieux. Davantaige les hommes de Châteauneuf, de Château-Arnoux, de Montfort, Saint-Donat ne doivent payer le péage pour le bétail, toutefois de toutes les autres chozes comme les autres hommes des autres lieux.

Pour une peau d'asne, de bœuf et d'autre beste grosse.................................. un denier.

Et quand une beste porte quatre ou plus des peaux grosses ne doit payer pour le péage que quatre deniers.................................. quatre deniers.

Pour un fais de cuir adouba de solliers........... six deniers.

Item, des figues dans un sac...................... six deniers.

Item, qui porte sur le col, fruche ou sel, poires, pommes ou migraines...................... un denier.

Item, une beste qui porte viollettes ou roses...... huit deniers.

Pour un vase............................ .. deux deniers.

Pour une beste qui porte de poisson gros, doit deux poissons, et le péagier doit metre sa main et prandre les poissons que se viendront à sa main sans les voir.

Pour une beste qui porte thon ou palamide........ douze deniers.

Pour figues despourtin .... huit deniers.

Pour une beste quy porte une charge de fromage... huit deniers.

Pour une beste quy porte fer non ouvré.......... huit deniers.

Pour une beste quy porte de fer ouvré........... douze deniers.

Pour une beste qui porte laine................... huit deniers.

Pour une beste qui porte des peaux de mouton avec leur laine.............................. .... huit deniers.

Pour une beste que porte des peaux de mouton, scive bazanes............................ huit deniers.

Pour une beste que porte toilles de lin ou chanvre. huit deniers.

Item, pour une que porte toilles de laine.......... huit deniers.

Pour une beste que porte chanvre............... huit deniers.

Item, pour une beste que porte peaux pellouzes de chèvre.................................. quatre deniers.

Item, d'une balle d'assier........................ quatre deniers.
Pour une beste que porte du cumin.............. six deniers.
Pour une beste que porte cuivre .... huit deniers.
Pour une beste que porte plomb................. huit deniers.
Pour une beste que porte estain.. .... huit deniers.
Item, pour une beste que porte d'escaufaires neufs (1) quatre deniers.
Item, pour une beste que porte d'escaufaires vieux, pour le bast.............................. un denier.
Pour un homme que porte sur son col escaufaires.. deux deniers.
Pour un escaufaire achaipté au marché........... un denier.
Pour un faux, scive dail......................... un denier.
Et quand repasse ne doit rien porveu qu'il montre signe d'avoir payé en descendant ou montant.
Pour une serre traversière....................... un denier.
Pour un faix de drapperie de France ou de Genne....................................... douze deniers.
Pour un faix de cordeillat....................... douze deniers.
Pour une beste que porte sire.................. douze deniers.
Pour une beste que porte chabrotins............. huit deniers.
Pour une beste que porte especerie, scavoir : poivre, gingembre, girofle et autre matière despecerie... douze deniers.
Pour une beste que porte mevoillons damandes.... huit deniers.
Pour une beste que porte amandes avec la coque.. deux deniers.
Pour une beste que porte ris, couton et aultres chozes semblables............................ huit deniers.
Et chasquun homme porte desdites marchandizes pour les vandre de porte en porte ne doit aucun péage, mais sullement pour le droit de bast..... un denier.
Item, une molle de mollin...................... un denier.
Item, pour une beste que porte de petites molles et mortiers................................ deux deniers.

---

(1) Coquemar, marmite.

Pour une beste que porte antes, deux antes ; si cest un homme quy porte sur son col desdits antes, doit un ante (1).

Pour une beste que porte miel, huille ou melasse..	huit deniers.
Pour une beste quy porte des conils avec la peau, un conil (2).	
Pour une beste que porte breisses	huit deniers.
Pour un mercier que descend en Provence........	douze deniers.
Et quand va par les villages et deplie pour vendre n'est tenu de payer le péage que pour le bast.	
Item, breissiere complete	six deniers.
D'une enclumy.........	douze deniers.
D'une paire de boufés..........................	deux deniers.
Pour raubo de megerie..........................	deux deniers.
Pour un sahin..................................	un denier.
Pour une douzaine de conils....................	deux deniers.
S'il en porte six..............................	un denier.
Pour une beste que porte garnison (3)...........	douze deniers.
Pour une beste que porte lances, deux lances ; sy est un homme, une lance.	
Pour un couteau achaipté	quatre deniers.
Pour un homme que porte cuir ou toile ou autres chozes de poids..............................	trois deniers.
Pour une beste que porte sardines, vel buges ou petits poissons	deux deniers.
Pour une balle d'arens.........................	quatre deniers.
Item, toille qu'on porte au paraire..............	quatre deniers.

Et quand se porte au paraire du Seigneur, ne se doit point de péage.

---

(1) *Ante* signifie ici arbre fruitier greffé.

(2) Lapin.

(3) Du bas latin *garnicio*, signifiant armes et munitions de guerre,

Pour la toille quy vient daubaissaire (1)........... huit deniers.
Pour une beste quy porte du fil pour vandre...... huit deniers.
Pour une beste que porte des livres de lois (2)..... huit deniers.

Et toutes aultres chozes et desquelles cy dessus nen est faite mention et taux et desquelles a este en coustume payer péage lon a recours à la mode et stille deub et honneste des autres péagiers, et de ce la consiance du péagier en demeure chargée.

Il serait intéressant de connaître quelle somme atteignait le rendement annuel de ce péage. A défaut du livre de compte ou carnet du péager, qui pourrait nous renseigner d'une manière très sûre, nous possédons quelques baux de ferme qui nous permettent d'établir une évaluation assez juste de ce revenu.

Le premier, daté du 24 juin 1568, est délivré par l'abbesse à Jean Mottet, moyennant la rente de 200 florins par an.

Un autre, passé le 5 janvier 1634 en faveur de Scipion Guigues, est conclu à 150 livres; celui du 6 avril 1653, en faveur de Jean Moutet, en porte 180 ; celui du 28 janvier 1656, en faveur de sa veuve, porte 204 livres; celui du 18 janvier 1692, en faveur d'Antoine Tournière, est conclu à 220 livres.

Ce revenu ne constituait pas un bénéfice fort considérable, eu égard aux charges qui incombaient à tout seigneur péager. Comme on le sait, il était tenu de pourvoir à la bonne viabilité des chemins dans toute l'étendue de son péage; les édits de septembre 1535, la déclaration du 31 janvier 1663, le règlement de 1687 pour la réparation des chemins étaient formels sur ce point. De plus, en

---

(1) *Besse*, *bessière*, lieu humide, marécageux.

(2) D'après un arrêt de la Cour des Aides d'Aix du 31 mai 1617, les livres furent déclarés exempts de péage, par privilège accordé à la faveur qui est due aux sciences et aux lettres. — Pastour, *Traité Juris feudalis*, livre I, titre IV, n° 2, mentionne cet arrêt.

Provence, les procureurs du pays avaient le droit, en cas de négligence de la part des seigneurs péagers, de faire exécuter les réparations à leurs frais.

En 1704, les procureurs du pays votèrent l'agrandissement du chemin de Peypin, et l'abbesse fut taxée, de ce chef, à une part contributive s'élevant à la somme de 300 livres.

L'abbesse et son conseil jugèrent-ils que l'agrandissement d'un chemin ne saurait être assimilé à un entretien, à une réparation quelconque, et que la charge en résultant ne devait leur incomber ni en totalité, ni en partie? On serait tenté de le croire, en voyant l'obstination qu'ils mirent à refuser le payement de cette part contributive. Les procureurs du pays en eurent raison en mettant aussitôt arrêt sur la cense de 500 livres que la communauté de Sourribes payait annuellement à l'abbesse pour ses droits seigneuriaux. Madeleine de Bérulle se hâta de demander main-levée de ces 500 livres et paya l'agrandissement du chemin (1).

Voici maintenant que s'ouvre un procès considérable entre la communauté de Peypin et son seigneur, d'une part, et l'abbesse de Sainte-Claire, de l'autre, procès dont l'issue, d'après les prévisions et l'espérance de ceux qui l'intentaient, devait amener pour l'autre partie la privation du droit de péage et qui ne fit qu'en provoquer une nouvelle confirmation. La plainte portait sur l'extension exorbitante qui s'était produite dans la perception des droits de péage, droits qui, d'après les plaignants, avaient été quadruplés.

(1) L'abbaye de Saint-Pierre de Sourribes, de l'ordre de Saint-Benoît, ayant été unie au monastère de Sainte-Claire de Sisteron en l'année 1464, l'abbesse de Sainte-Claire devint, par cette union, Dame spirituelle et temporelle du lieu de Sourribes (diocèse de Gap), recevant hommage et reconnaissance des habitants du lieu.

L'accusation était grave, car tout seigneur péager convaincu d'exaction était déchu de son droit de péage.

Etait-elle fondée ? Voici ce qui s'était passé :

Du temps que Colbert était contrôleur général des finances, le roi prétendit que les droits de cavalcades, albergues, péages, étant dus en monnaie ancienne, devaient être portés désormais pour le moins au quadruple de la monnaie courante. Par arrêt du conseil, le payement au quadruple fut, en effet, ordonné par provision.

La Province, bien aise de faire cesser les recherches des albergues, quistes, cavalcades, péages, auxquelles on commençait à se livrer, s'en débarrassa en accordant au roi une pension annuelle de 35,000 livres (1).

Mais, si le monarque était, de ce fait, indemnisé de la perte provenant de la dépréciation du numéraire, les seigneurs péagers ne l'étaient pas.

L'abbesse, se basant sur l'arrêt de 1667, qui évaluait au quadruple la valeur des monnaies anciennes, fit imprimer une pancarte sur le modèle de celle de Peynier; or, sur cette pancarte les droits étaient portés au quadruple; une autre fut également imprimée par ses soins, où les prix étaient plus doux.

Ce fut sur ce grief que la communauté de Peypin basa sa plainte. Elle obtint du bureau des finances un jugement par provision, en date du 30 mai 1727, portant que le péage de Peypin ne serait perçu que conformément à la pancarte du 7 août 1512 (2).

Muni de ce jugement, Le Camus, seigneur de Peypin, présenta aux trésoriers de France une requête dans laquelle il demandait à l'abbesse, au nom de la commu-

---

(1) Decormis, t. I, f° 1087.

(2) L'ordonnance fut signifiée à l'abbesse et à la veuve de Louis Girard, fermière du péage, le 10 juin 1727.

nauté, la restitution des droits surexigés. Dans un but qu'il est facile de deviner, il donna à sa démarche tout le retentissement possible, et l'affaire fut portée à l'assemblée générale des communautés de Provence (1).

Dans une délibération de cette assemblée, nous lisons, à la date du 11 janvier 1728, l'exposé suivant :

« ..... La dame abbesse de Sisteron (Clémence de Sallemar de Ressis) fait lever son péage dans le lieu de Peypin, non sur le pied de la véritable pancarte de 1512, mais au quadruple. Les articles de cette pancarte ou tarif ne sont que d'une ou de deux oboles, de quelques deniers, peu d'articles d'un sol et un ou deux articles de cinq sols; et, dans l'imprimé qu'elle en a fait faire, elle y a fait imprimer de son authorité privée que les monnoyes anciennes valaient aujourd'hui le quadruple, que l'obole valait quatre oboles, que le denier en valait quatre, et le sol quatre sols, quoique cela ait été formellement condamné par tous les arrêts. Et comme elle a prévu que cette annotation exciterait les plaintes des passants qui s'en aperçoivent, elle tient un autre tarif qui contient un surbaissement de prix dans chaque article, qu'elle a fait imprimer à son gré sans être signé d'aucune personne publique, ny sans qu'il y soit marqué de quel registre il a été extrait; que la communauté de Peypin a obtenu un jugement provisoire des sieurs trésoriers généraux de France, portant que ce péage ne serait levé que sur le pied du tarif de 1512, sans augmentation des monnayes. La Province a donné son intervention à cette communauté, après une consultation fondée sur ce que cette dame était là dessus sans titre et qu'elle serait en peine d'en justifier (2). »

---

(1) « ..... Monsieur le Camus nous contrarie toujours dans l'exaction de ce péage, et nous n'en tirons presque rien. » (Lettre de l'abbesse à son avocat, à Aix, 27 août 1727.)

(1) Archives des Bouches-du-Rhône, C, 68. Délib., f° 180, verso.

Malgré l'intenvention de la Province et en dépit des agissements de Le Camus et de la communauté, le conseil d'Etat rendit un arrêt (7 mars 1730) qui maintenait l'abbesse et les religieuses de Sainte-Claire dans les droits de péage à Peypin, leur renouvelait l'ordre d'entretenir en bon état, pour la commodité publique, les chemins et chaussées dans l'étendue du terroir. Toutefois, il dressait un nouveau tarif, reproduction de celui de 1512, faisant défense expresse de percevoir autres ni plus grands droits de péage que ceux y exprimés, ni sur les marchandises et denrées qui n'y sont pas comprises, sous peine de suppression du droit de péage.

Voici la transcription du tarif dressé par le conseil d'Etat (1730) :

I. Par cheval ou asne chargé de sel......... 3 oboles.
II. Par cheval ou asne chargé de bled........ 4 deniers.
III. Pour une pareille charge de méteil........ 2 deniers.
IV. Pour une charge de noix................. 2 deniers.
V. Pour une charge de bois de roux, servant à la teinture........................... 2 deniers.
VI. Pour une charge de pommes .... 2 deniers.
VII. Pour une charge de cerises .... 2 deniers.
VIII. Par charge de poires.................... 2 deniers.
IX. Par charge de migraines ou grenades...... 2 deniers.
X. Par charge de raves..................... 2 deniers.
XI. Par charge de cendres................... 1 obole.
XII. Par charge de charbon.................. 1 obole.
XIII. Par charge de vin .... 1 denier.
XIV. Par charge de gland.................... 1 obole.
XV. Pour chaque brebis, agneau, chèvre, bouc, mouton, chevreau.................. 1 obole.
XVI. Par bacon ou lard d'un porc............. 2 deniers.
XVII. Pour une jument allant en moisson .... 4 deniers.
XVIII. Lorsque ladite jument revient chargée du bled qu'elle a gagné, il est dû seulement.. 2 deniers.

XIX.	Pour une jument qui va aux pâturages de l'hiver ou qui en revient	4 deniers.
XX.	Pour un cheval ou une jument qu'on mène vendre	6 deniers.
XXI.	Si le cheval est sellé	12 deniers.
XXII.	Pour chaque mulet ou mule qu'on mène vendre	12 deniers.
XXIII.	Pour un fer ou furet	4 deniers.
XXIV.	Pour un asne qu'on mène vendre ou qui est vendu	2 deniers.
XXV.	Lesquels droits se doublent les trois jours de foires de Sisteron, excepté néantmoins les droits qui se lèvent sur le sel.	
XXVI.	Chaque animal, de quelque espèce qu'il soit, portant bast sans charge, soit pour le bastage	1 denier.
XXVII.	Les bestiaux appartenant aux habitans des châteaux et lieux de Mérargues, de Peiricard, d'Aiguilles, de Vitrole, de Châteauneuf, de Château-Arnoux, de Montfort et de Saint-Donat sont exempts dudit droit de bastage seulement et sont assujettis aux autres droits dudit péage.	
XXVIII.	Pour chacune peau d'asne, de bœuf ou autre grosse beste	1 denier.
XXIX.	Quand un animal porte quatre desdites peaux ou un plus grand nombre, il ne doit que	4 deniers.
XXX.	Pour une charge de cuir préparé	6 deniers.
XXXI.	Pour un sac de sucre ou de cassonade	6 deniers.
XXXII.	Pour un homme portant à col du sel, des poires, des pommes, des migraines ou des grenades	1 denier.
XXXIII.	Pour une beste chargé de violettes ou de roses	8 deniers.
XXXIV.	Pour un vase propre à planter des fleurs...	2 deniers.

XXXV.	Pour une charge de gros poissons, au lieu de deux poissons	5 sols.
XXXVI.	Pour une beste chargée de ton ou de palamide	12 deniers.
XXXVII.	Pour figues en panier	8 deniers.
XXXVIII.	Pour chaque beste chargée de fromages	8 deniers
XXXIX.	Chaque beste chargée de fer ouvré	12 deniers.
XL.	Pour une beste chargée de laine	8 deniers.
XLI.	Pour une beste chargée en peaux de moutons avec leur laine	8 deniers.
XLII.	Pour une beste chargée de chanvre, toile de chanvre, de lin ou de laine	8 deniers.
XLIII.	Pour une beste chargée de peaux de chèvre avec leur poil	4 deniers.
XLIV.	Pour une balle d'acier	4 deniers.
XLV.	Pour une beste chargée d'une herbe appelée Cumin	6 deniers.
XLVI.	Pour une beste chargée de cuivre, plomb ou estain	8 deniers.
XLVII.	Pour une beste chargée de coquemards neufs de cuivre, d'airain ou de laiton	4 deniers.
XLVIII.	Pour une beste chargée de vieux coquemards, doit seulement pour le bast	1 denier.
XLIX.	Homme ou femme portant des coquemards.	2 deniers.
L.	Pour un coquemard acheté au marché	1 denier.
LI.	Pour une faulx	1 denier.
LII.	Il n'est point dû de péage au retour, pourvu qu'on justifie l'avoir payé pour ladite faulx en descendant ou en montant.	
LIII.	Pour une scie traversante	1 denier.
LIV.	Pour un fardeau de draperie de France ou de Gênes	12 deniers.
LV.	Pour un fardeau de Cordouan	1 sol.
LVI.	Pour une beste chargée de cire	1 sol.
LVII.	Pour une beste chargée de petits chevreaux	8 deniers.

LVIII.	Pour une beste chargée de poivre, gingembre, girofle et autres pareilles épiceries..	1 sol.
LIX.	Pour une beste chargée d'amandes........	8 deniers.
LX.	Pour pareille charge d'amandes avec la coque	2 deniers.
LXI.	Pour une beste chargée de ris ou couton...	8 deniers.
LXII.	Pour une beste chargée de peaux de moutons ou basannes....................	8 deniers.
LXIII.	Homme ou femme, menant vendre des marchandises de portes en portes, doit seulement le péage pour le bast............	1 denier.
LXIV.	Pour une meule de moulin...............	1 denier.
LXV.	Pour un cheval chargé de petites meules...	2 deniers.
LXVI.	Pour une beste chargée de jeunes arbres fruitiers, au lieu de deux arbres........	2 sols.
LXVII.	Pour fardeau de col de jeunes arbres fruitiers, au lieu d'un arbre...............	1 sol.
LXVIII.	Pour une beste chargée d'huile, miel ou hydromel..........................	8 deniers.
LXIX.	Pour une beste chargée de lapins avec leur peau, au lieu d'un lapin	5 sols.
LXX.	Pour une beste qui porte des brèches ou rayons de ruche à miel................	8 deniers.
LXXI.	Pour un mercier allant vendre en Provence.	1 sol.
LXXII.	Si le mercier va dans les villages pour vendre ses marchandises, doit seulement le droit de péage pour le bast............	1 denier.
LXXIII.	Pour une ruche à miel complette..........	6 deniers.
LXXIV.	Pour une enclume de maréchal...........	1 sol.
LXXV.	Pour une paire de soufflets..............	2 deniers.
LXXVI.	Pour une douzaine de lapins	6 deniers.
LXXVII.	Pour une beste chargée d'épées ou armes à feu.............................	1 sol.
LXXVIII.	Pour un coutelas ou sabre acheté..........	4 deniers.
LXXIX.	Pour fardeau à col de cuir ou toile........	3 deniers.
LXXX.	Pour une beste chargée de sardines ou petits poissons..........................	2 deniers.

LXXXI. Pour une balle de harengs............... 4 deniers.

LXXXII. Pour une charge de jarres ou pots de terre remplis de ton mariné................. 5 sols.

LXXXIII. Pour la toile qu'on porte au foulon........ 4 deniers.

LXXXIV. Si la toile est portée au foulon du seigneur, elle ne doit point le péage.

LXXXV. La toile qui vient du tisserand doit le péage.

LXXXVI. Pour un cheval chargé de fil pour vendre.. 8 deniers.

Fait, Sa Majesté, très expresses inhibitions et défenses auxdites Dames Abbesse, Religieuses et Couvent de percevoir d'autres ni plus grands droits de péage que ceux cy dessus exprimés, ni sur les marchandises et denrées qui n'y sont pas comprises, à peine de suppression dudit droit de péage.

Fait au Conseil d'État du Roy, Sa Majesté y estant, tenu à Versailles, le 7 mars 1730.

IV.

Suppression de l'abbaye de Sainte-Claire. — Le péage passe au monastère de la Visitation, qui ne peut en payer les charges. — L'Évêque consulte la commission au sujet de l'abandon projeté. — — Il donne son consentement. — Le monastère abandonne le péage. — Signification de l'acte d'abandon. — Le Camus veut l'exploiter à son profit. — Ne peut produire des titres de possession. — Le péage est définitivement supprimé.

Pour des motifs sur lesquels les historiens ne sont pas d'accord et dont la discussion n'entre pas, d'ailleurs, dans le cadre de notre étude, l'abbaye de Sainte-Claire de Sisteron fut supprimée par décret définitif de l'évêque de Sisteron du 25 décembre 1749, décret qui fut confirmé par lettres patentes du roi (mars 1750) et enregistré au Parlement le 3 juin 1750. Dans la distribution des biens appartenant à l'abbaye, le péage de Peypin échut au monastère de la Visitation de Sisteron (1). Mais, quoique affectés à telle ou telle maison religieuse, les biens de l'abbaye supprimée furent régis et administrés par un économe nommé ad hoc par l'évêque et qui, pour lors, fut noble Jean-Antoine du Virail. Il faisait donc percevoir le péage à

---

(1) Article 6 du décret définitif de suppression.

Peypin au nom du monastère, délivrait les baux de ferme et se chargeait de l'entretien des chemins.

Mais il arriva que les charges d'entretien augmentaient à mesure que les revenus du péage diminuaient, et, en mai 1752, les voies de communication dans la terre de Peypin ayant été reconnues impraticables et l'économe n'étant pas en mesure de les faire mettre en état de viabilité, les procureurs du pays firent exposer ces travaux de réparations aux enchères publiques et les délivrèrent, aux formes ordinaires, pour la somme de 1,190 livres, que la Province devait avancer, sauf à se rembourser de ses avances par la saisie des revenus du péage et autres revenus du couvent, si le péage n'était pas abandonné (1).

L'alternative se présentait donc aussi nette qu'embarrassante, et, après bien des vexations essuyées, bien des procès soutenus, l'économe se voyait enfin acculé à la nécessité ou de rembourser cette somme importante, ou d'abandonner le péage.

Mais, sur quels fonds prélever la somme de 1,190 livres, alors que le revenu du péage atteignait à peine, en 1754, le chiffre de 87 livres, déduction faite de la pension de 15 livres payée annuellement au seigneur de Peypin, à raison de la perception d'un péage sur ses terres (2) ? Il ne restait plus qu'une chose possible : l'abandon pur et simple.

L'évêque de Sisteron consulta la commission établie par le roi pour le soulagement des maisons religieuses. Le cardinal de Soubise, chef de la commission, lui répondit que l'affaire du péage ne regardait pas la commission ; qu'elle n'avait ni le droit, ni le pouvoir de prononcer sur ces sortes de matières ; que la communauté seule, à qui les biens avaient été réunis, devait juger si elle renonçait ou

---

(1) Archives des Bouches-du-Rhône, C, 78, f° 113. — Voir aussi l'ordonnance de l'intendant du 4 mai 1724. — Ce travail fut confié à Figuière, maçon, de Sisteron.

(2) Transaction passée rière Me Gilles, notaire à Aix, le 4 février 1707.

non; au surplus, il conseillait à l'évêque d'autoriser la communauté à abandonner le péage, pour peu qu'elle s'y montrât disposée (1).

Par arrêté pris à Lurs, le 12 juillet 1755, l'évêque de Sisteron donna à la supérieure de la Visitation et au sieur du Virail la permission de faire l'abandon du péage :

Nous, évêque de Sisteron, en qualité de commissaire établi par arrêt du Conseil d'État du 11 mars 1746, permettons à la supérieure, conseil et communauté du monastère de la Visitation de Sisteron et l'autorisons à faire l'abandon du droit de péage appartenant à l'abbaye supprimée de Sainte-Claire de Sisteron et réuni audit monastère de la Visitation par notre décret définitif de suppression du 25 décembre 1749, attendu les dépenses auxquelles le droit de péage exposerait ledit monastère, tant pour les réparations déjà faites et payées par MM. les procureurs du pays que par celles à faire à l'avenir et pour l'entretien du grand chemin dans le terroir de Peypin. Permettons pareillement au sieur du Virail, ensuite de la délibération qui sera sur ce prise par ladite communauté de la Visitation, en sa qualité d'économe commis par nous à la régie des biens de ladite abbaye supprimée, de faire et déclarer l'abandon dudit droit de péage de Pépin à MM. les procureurs du païs.

Fait à Lurs, dans notre palais épiscopal, le 12 juillet 1755.

Signé : Pierre-François, *évêque de Sisteron* (2).

Ainsi autorisées par l'évêque, les Dames de la Visitation prirent une délibération par laquelle elles déclaraient abandonner le péage et autorisaient leur économe à faire les démarches nécessaires.

L'an 1755, le cinquième septembre, après midy, nous, supérieure, assistante, conseillères, économe au monastère de la Visitation

---

(1) Lettre du cardinal de Soubise du 30 janvier 1755. — Archives des Bouches-du-Rhône, C, 2000.

(2) Archives des Bouches-du-Rhône, C, 2000.

Sainte-Marie de la ville de Sisteron, assistées de toute la communauté en plein chapitre, de notre gré et libre volonté, instruites de la nécessité qu'il y a d'abandonner le péage du lieu de Pepin, qui appartenait à l'abbaye supprimée de Sainte-Claire de cette ville et réuni à notre monastère par le décret deffinitif de supression de ladite abbaye, fait par Mgr l'évêque de Sisteron, du 25 décembre 1749, authorizé et confirmé par lettres patentes de Sa Majesté du mois de mars 1750, enregistrées au Parlement de Provence le 3 juin suivant, à cause des travaux et réparations que MM. les procureurs du païs, gens des trois Estats de cette province, ont fait faire audit chemin de Pepin, et qui se montent à la somme de 1,190 livres, et de l'entretien dudit chemin qui est considérable, reconnaissant qu'il est beaucoup plus avantageux de renoncer audit péage que de payer ladite somme et être toujours tenues à l'entretien et réparations du même chemin ; vue la permission et authorization de Mgr l'évêque de Sisteron, en date du 12 juillet dernier, restée es-mains de M. du Virail, économe de ladite abbaye, avons déclaré par la présente délibération de consentir, comme nous consentons, que ledit sieur du Virail, autant qu'il trouvera à propos, fasse l'abandon dudit péage, en qualité d'économe et administrateur des biens et revenus de ladite abbaye supprimée de Sainte-Claire, aux formes ordinaires, soit entre les mains de MM. les procureurs du païs, soit entre celles de M. Le Camus, seigneur de Pepin, sous la condition que notre dit monastère ne pourra jamais être recherché de la part de MM. les procureurs du païs, ni dudit seigneur de Pepin, pour aucuns droits à payer de quelque nature qu'ils puissent être à l'occasion dudit droit de péage, même de la pension de 15 livres due annuellement audit seigneur de Pepin, pour raison dudit péage.

Fait et délibéré, toute la communauté assemblée, pour le passé et pour l'avenir, les jour et an que dessus (1).

---

(1) Signées : Sœur Thérèze-Marguerite Céas, supérieure ; — Sœur Jeanne-Thérèze de Rocheblanc, assistante ; — Sœur Marie-Magdeleine de la Boullie, conseillère ; — Sœur Marie-Charlotte Réguis, conseillère ; — Sœur Marianne-Thérèse de la Tour, conseillère ; — Sœur Marie-Aimée de Colonne Revilliare, économe.

Dès lors, Jean du Virail, administrateur des biens de l'abbaye supprimée, n'eut plus qu'à notifier l'abandon par devant qui de droit. Le 9 septembre 1755, il se présenta, à *cet effet, par devant Me Latil, notaire à Sisteron :*

.... Considérant l'obligation où sont les seigneurs péagers de cette province de faire réparer et entretenir les chemins sur lesquels ils font lever le droit de péage, si mieux ils n'aiment l'abandonner pour n'être pas tenus aux réparations et entretien ;

De l'avis et consentement des Dames Religieuses de la Visitation Sainte-Marie du couvent de cette ville, en vertu de celui du seigneur évêque de *Sisteron et de l'avis et conseil de nos seigneurs* les commissaires établis pour le soulagement des communautés de filles religieuses du royaume,

A déclaré et déclare, par le présent, à MM. les procureurs du pays, absents, nous, notaire, pour eux acceptant et stipulant en tant qu'ils trouveraient bon de l'agréer, d'abandonner comme il l'abandonne dès à présent le droit de péage appartenant à ladite abbaye supprimée de Sainte-Claire, dans la terre et seigneurie de Peypin, réuni audit monastère de la Visitation par l'article 6 du décret de suppression de ladite abbaye du 25 décembre 1749, confirmé par lettres patentes du mois de mars 1750, le tout enregistré au Parlement le 3 juin suivant, sans que lui, en ladite qualité d'économe et administrateur des biens et revenus de ladite abbaye de Sainte-Claire, ni ses successeurs en ladite fonction ou autres, puissent jamais prétendre à l'avenir ledit droit de péage, qui demeurera supprimé à *perpétuité, à condition néanmoins que la province demeurera tenue* de la réparation et entretien du chemin dans l'étendue de ladite terre de Peypin et qu'elle ne recherchera directement ni indirectement les Dames Religieuses de la Visitation, ni ledit du Virail, en ladite qualité, ni autre, sur le passé comme sur l'avenir, pour raison dudit péage, qui, suivant la déclaration qu'en fait ledit sieur du Virail, produit annuellement, suivant l'acte de bail courant, la *somme de 87 livres, déduction faite de la pension de 15 livres* payée annuellement audit *seigneur de Peypin, pour raison* de la perception dudit péage, suivant la transaction passée le 4 février 1707, rière

Gilles, notaire à Aix, laquelle pension demeure amortie par le moyen du susdit abandon ; pour raison de quoi, la province ne sera tenue de rien envers ledit seigneur de Peypin, en cas de recherche de sa part, sauf audit Virail, audit cas, de faire valoir ses droits et exceptions (1).

Qui fut bien surpris dans cette affaire, ce fut le sieur Le Camus. Il envisageait bien l'éventualité d'une vente, mais point celle d'un abandonnement qui supprimait le péage et, en ruinant ses espérances et trompant ses convoitises, lui faisait perdre, du même coup, la pension recognitive qu'il en retirait.

Il essaya bien de se substituer doucement, sans bruit, aux Religieuses Visitandines, faisant croire à l'aliénation du péage et non à sa suppression et percevant les droits tout comme s'il eût été seigneur péager. Mais la loi était formelle, et, au moment où on s'occupait à éteindre les plus vieux péages, basés sur des titres authentiques, on ne pouvait être disposé à consacrer de nouvelles usurpations, ne fût-ce que par la complicité de la tolérance.

Le Camus, d'ailleurs, n'avait, pour soutenir ses prétentions, ni titre primordial à produire, ni autres titres ou actes probatoires de possession en sa faveur, et il dut, bien malgré lui, renoncer à continuer plus longtemps son usurpation.

L'antique péage de Peypin subit donc le sort d'une infinité d'autres péages, qui disparurent vers la même époque, et, par arrêt du Conseil d'État du 12 mars 1758, il fut définitivement supprimé.

---

(1) *Archives des Bouches-du-Rhône, C, 1999, n° 38. — Notaire Latil, à Sisteron, 9 septembre 1755.*

APERÇU

SUR LES

PÉAGES ET PULVÉRAGES

des lieux compris actuellement

dans les limites du département des Basses-Alpes,

avec l'état de ce qui s'y levait et la date de leur suppression

En conformité de l'ordonnance rendue, le 30 janvier 1685, par l'intendant de Provence, les consuls des communautés durent se réunir au chef-lieu de leur viguerie respective et déclarer le montant des droits de péage, pulvérage et leyde qui se percevaient dans leur communauté.

C'est sur ces déclarations officielles et sur les données non moins officielles des procès-verbaux de l'affouagement de 1728 que nous avons établi la nomenclature qu'on va lire. D'autres documents nous ont fourni parfois des notes complétives qui nous ont permis d'étudier, avec quelques détails, certains péages plus particulièrement remarquables, soit par leur ancienneté, soit par leur importance.

Pour éviter la répétition trop multipliée de la cote indiquant la source de nos renseignements, nous allons citer en bloc les volumes ou liasses où nos documents ont été puisés. Ce sont les volumes ou liasses : C, 1999 ; C, 2000 ; C, 2005 ; C, 2010 ; C, 556 ; B, 170 ; B, 92 ; B, 1136, etc., et faisant partie des archives des Bouches-du-Rhône.

La cote des pièces que nous citons intégralement ou dont nous donnons des extraits tant soit peu notables sera toujours indiquée au bas du document cité.

Viguerie de Digne.

DIGNE. — La pancarte du péage de Digne est la plus ancienne que nous connaissions de toutes celles du département. Elle est de l'année 1251.

La voici dans sa forme toute fruste et bien rudimentaire :

Forma et modus pedagii. — In villa Digne.

De quolibet trocello cordoani piperis, placa arginti et auri, cera, gingembre et omnium pannorum indifferentia brezil, safrani, girofoli Indi, de omnibus alunnis, conalginis (?) filato, excepto de bolcano et similibus, si deportentur per grossam bestiam, donat duos solidos ; asinus vero donat duodecim denarios. — De alun de balca de grossa bestia, duodecim denarios ; de asino, sex denarios. — De saumata ferri acerii comuni, castagis amigdalis fractis, ficubus pel et lana, cannebe, line et cordis, oleo, cepo, sagimine baconius sicus, plumbum coriis non aptatis, agunis et cabralginis et multonis et omne caseorum de bestia grossa, duodecim denarios ; de asino, vero sex denarios. — De saumata salis, ad bestiam grossam, sex denarios ; de bestia scilicet asino, quatuor denarios. — Fusta et bladum et fructus sunt libera ; avere est liberum ; moneta facta est libera (1).

On trouve des baux de ferme du péage de Digne, en faveur du juif Salamonet, en 1321 et 1327, en faveur de

(1) Archives des Bouches-du-Rhône, registre B, 170 (*Turris Antiqua*), f° CXVI, 1251.

Bendich David, 1437. Jean de Quiqueran l'achète par acte du 7 mars 1443. Il passe ensuite entre les mains de Jean de Catin, baron de Beaujeu, et sa veuve, Claudète de Leydet, le vend à la ville (1641), qui déclare, en 1685, faire percevoir par ses fermiers les droits de péage de la manière suivante :

Pour chaque trousseau ou sachet de chose qui soit tardive ou dernière saison de poivre, placque ou lingot d'argent ou d'or, cire, gingembre, et de tous draps indifféremment de brezil, safran, girofle d'Indie (?), de tous alluns, garnitures fil ou toiles, fors de boucan et tolles et semblables choses chargées et portées sur une grosse beste, *comme jument, cheval ou mulet*, se paye deux sols ; chargée et portée sur une petite beste, comme asne ou anesse, se paye douze deniers. — Et pour semblable beste chargée des choses susdites, se paye douze deniers. — Chaque grosse beste chargée d'alun de barque doit et paye six deniers. — De chaque charge de fer assier commun, chastaignes, amandes rompues, figues sèches et laines, chanvre et lin, cordes, huile, ougnons, graisse, porc salé seq, cuir non acroté, peaux d'agneaux, *chevreaux, motons et tous fromages*, ce paye pour grosse beste douze deniers, et pour petite beste, six deniers. — De chasqune charge de sel se prend et se paye, pour grosse beste, six deniers, et pour petite beste, quatre deniers, suivant la pancarte que la communauté a produit rière le greffe de Monseigneur l'Intendant. — L'évêque exige un droit de pulvérage de trois deniers par trentenier, et le prévôt de la cathédrale, seigneur du quartier du Bourg, exige aussi le pulvérage de trois deniers par trentenier d'avérage passant au Bourg.

Le péage de Digne fut vérifié et confirmé par arrêt du 12 février 1732. Il fut abandonné par acte passé rière Faudon, notaire à Digne, le 27 septembre 1764 (1).

---

(1) La délibération municipale concluant à l'abandon du péage par la communauté est du 21 septembre 1764. — Il y est dit qu'on ne le fait plus percevoir depuis longtemps.

LES MÉES. — Dans l'assemblée tenue à Digne, le 9 mars 1685, les consuls déclarent qu'il y a, aux Mées, droit de péage, pulvérage et leyde, perçu par Louis Beraud lui-même, qui n'a pas voulu leur montrer la pancarte.

En 1426, le péage appartient au vicomte de Valerne; Guillaume Brunet, notaire, en est fermier et le perçoit, tant par terre que par eau (1), sur différentes marchandises et denrées.

Il fut confirmé en faveur de la communauté par arrêt du 19 octobre 1728; ce même arrêt lui reconnut la jouissance d'un demi-droit de bac sur la Durance.

TARIF DU DROIT DE BAC

qui se percevait sur la Durance, au « Saut du Loup », terroir de Ganagobie, et appartenant par moitié à la ville des Mées et à l'Évêque de Sisteron.

(Extrait des registres du Conseil d'Estat.)

Veu par le Roy, étant en son Conseil, les Titres représentez en execution de l'Arrêt du Conseil du 29 Août 1724 et autres rendus en consequence, par les Consuls, Habitans et Communauté de la Ville des Mées en Provence, se pretendant proprietaires de la moitié d'un droit de Bac situé sur la rivière de la Durance dans le territoire de ladite ville, vis à vis le lieu appellé le Loup; l'autre moitié apartenant au Sieur Evêque de Sisteron.

Le Roy estant en son Conseil, de l'avis desdits Sieurs Commissaires, a maintenu et conservé lesd. Habitans de la Ville des Mées dans la moitié du droit de Bac, dont ils joüissent sur la rivière de Durance, dans le territoire de ladite Ville, aux conditions qu'ils entretiendront les abords dudit Bac en bon état pour la commodité

---

(1) *Magister Guillelmus Bruneti, not. exactor, vectigalium super radellis in loco de metis.* — B, 1182. Enquête.

publique, qu'ils se conformeront aux Edits, Arrêts et Reglemens concernans les droits de Bac, sous les peines portées par les Ordonnances. Leur fait deffenses Sa Majesté de percevoir d'autres ni plus grands droits que ceux qui suivent ; Sçavoir : I. Par personne à pied, six deniers. II. Par personne à cheval, un sol. III. Pour un Carosse, Coche, Litiere, Chaise, Chariot ou Charrette à deux Chevaux, Bœufs, ou Mulets, quatre sols. IV. Pour chaque Cheval, Bœuf ou Mulet d'augmentation aux voitures cy-dessus, six deniers. V. Les personnes qui seront dans les Litieres, Carosses, Chaises, Coches, Chariots ou Charrettes, les Domestiques, Conducteurs et les Marchandises seront exempts en payant pour les voitures, Chevaux, Bœufs ou Mulets, les droits cy-dessus. VI. Par Cheval, Mulet, Bœuf, Vache ou Asne, six deniers. VII. Pour chaque Pourceau, trois deniers. VIII. Par cent de Moutons ou Chevres, dix sols, et à proportion s'il y en a plus ou moins. Fait au Conseil d'Etat du Roy, Sa Majesté y étant, tenu à Fontainebleau, le 19 Octobre 1728. Signé, Phelipeaux.

CHAMPTERCIER. — Le duc de Villard y a un péage et un pulvérage qu'il lève à raison de trois deniers par trentenier (1685).

CHÉNERILLES. — Pulvérage à trois deniers, appartenant au sieur Trichaud, de Digne, co-seigneur. La dame Lucrèce de Gallifet y prélève un droit de leyde de deux deniers par chaque marchand qui vend ou qui achète (1685).

SAINT-JULIEN-D'ASSE. — Il s'y prélevait un droit de pulvérage à trois deniers et un droit de leyde à deux deniers par marchand.

Le 31 décembre 1737, le sieur Barlatier fut sommé de produire ses titres ; il ne put en exhiber et continua quand même à percevoir jusqu'au 12 mars 1758, où le droit fut supprimé par arrêt.

SAINT-JEANNET. — Pulvérage à trois deniers. Mezel y perçoit un pulvérage de six deniers par trentenier pour son propre compte (1685).

AURIBEAU. — Le seigneur y prélève un pulvérage sur le bétail à pied fourchu, à raison de six deniers par trentenier d'avérage, et un péage d'un sol par bœuf, vache et pourceau.

ENTREVENNES. — Péage ancien. L'épouse de Maurel, de Berre, en était dame et fut citée *sub pena ducentarun marcharum argenti ad respondendum inquisitioni et videndum declarari incidisse in penam C marcharum sibi impositam* (1). On lui reprochait des exactions.

Les consuls déclarèrent, en 1685, qu'il y a un droit de pulvérage, à raison de trois deniers, et un droit de leyde de trois deniers pour chaque pourceau qui est acheté.

PUIMICHEL. — Un pulvérage à trois deniers par trentenier.

LA PÉRUSSE. — Les consuls déclarent qu'il n'y a qu'un droit de pulvérage.

BRAS-D'ASSE. — Le droit de leyde y est de deux deniers par marchand qui achète ou vend ; le pulvérage y est à trois deniers ; le péage se prélève sur toute marchandise qui passe la rivière, et au profit du seigneur.

Ce péage fut abandonné par acte du 21 février 1780. Me Olivier, notaire à Marseille.

LE BRUSQUET. — Seulement un pulvérage de trois deniers par trentenier.

AIGLUN. — Un droit de pulvérage de trois deniers et un droit de leyde de deux deniers par chaque marchand.

---

(1) Archives des Bouches-du-Rhône, B, 1182, f° 67.

LAMBERT. — Il y a péage, pulvérage et leyde, mais les consuls ne font pas connaître le taux des droits.

LES SIÈYES. — Il y a seulement un pulvérage à trois deniers par trentenier.

THOARD. — Il y a seulemenl un pulvérage à trois deniers par trentenier.

LE CASTELLARD. — Il y a seulement un pulvérage à trois deniers par trentenier.

BEYNES. — Il y a seulement un pulvérage à trois deniers par trentenier.

TANARON. — Il y a seulement un pulvérage à trois deniers par trentenier.

MIRABEAU et BEAUVEZER. — Péage de trois deniers par pourceau. Pulvérage de trois deniers par trentenier. Leyde de trois deniers pour chaque marchand.

BÉDEJUN. — Un péage d'un sol par pourceau passant audit lieu; pulvérage de six deniers par trentenier, et leyde de deux deniers pour chaque marchand.

BEAUJEU. — Il n'y a qu'un droit de pulvérage.

MEZEL. — On trouve des baux de péage et de droits royaux à Mezel, dès l'année 1321. (B, 1469.) Ce droit se levait sur les bestiaux, denrées et marchandises.

En 1728, M. Constant en était propriétaire et faisait lever à son profit un droit de pulvérage au Poil et à Levens. Ces droits furent vérifiés et maintenus par arrêt du 28 octobre 1744.

PRADS. — Il y avait des droits de péage, de pulvérage

et de leyde. Les consuls ne sont pas en mesure de faire connaître en quoi ils consistaient.

ENTRAGES. — Il n'y avait qu'un modique droit de pulvérage.

ESTOUBLON. — Les consuls déclarent que le péage d'Estoublon est d'un sol par âne de berger qui ne porte pas encore; deux deniers pour chaque cheval, bœuf, mulet ou âne; deux deniers par charge de blé; quatre deniers par charge de sel; trois sols par charge de cuir; une livre de poisson pour chaque charge; un sol par charge d'huile, et qu'il appartient au Baron de Bras. Le droit de leyde, qui est de deux deniers pour chaque marchand, appartient à M. de la Molle. Le pulvérage est de six deniers par trentenier.

En 1728, ces droits étaient perçus au profit de M. de Villeneuve, conseiller au Parlement. Un arrêt du 27 décembre 1757 maintint le péage *dit anciennement de Valensole*, qui devait être perçu aux lieux d'Estoublon, Bras, la Bégude-Blanche.

Les charges devenant trop lourdes, Marc-Antoine de Franceschi, résidant à Vintimille, donna procuration à sa femme, Marie-Adélaïde-Françoise de Régis, pour faire, en son nom, l'abandon des péages d'Estoublon, Bras, Bellegarde. Ce qui eut lieu le 21 février 1780, par-devant Me Ollivier, notaire à Marseille. (C, 1999.)

CHATEAUREDON. — Il ne s'y perçoit qu'un pulvérage à six deniers par trentenier.

COURBONS. — Un pulvérage à trois deniers.

ORAISON — Le seigneur y prend : un sol par bœuf, un sol par pourceau, trois deniers par charge de vin, d'huile, de grains; un pulvérage de trois deniers par trentenier d'avérages ou de menons.

Ce péage dut être abandonné, car il ne paraît pas lors de l'affouagement de 1728.

LE CHAFFAUT. — Un pulvérage à trois deniers par trentenier.

LES DOURBES. — Un pulvérage à trois deniers par trentenier,

GAUBERT. — Le péage de Gaubert, dont nous possédons la pancarte, nous paraît devoir être identifié avec celui de Digne. Dans tous les cas, les articles et le tarif sont les mêmes que dans la pancarte de 1251.

En 1632, le sieur de Roux, seigneur péager, trouvant que « la pancharte est si vieille qu'elle n'est plus lisable, la fait recopier et enregistrer aux archifs de Sa Majesté » (3 juin 1632) (1).

Il fut vérifié et confirmé par arrêt du 27 avril 1728, en faveur du sieur de Roux, président au Parlement de Pau, et supprimé par arrêt du 14 novembre 1757.

ARCHAIL. — Il s'y prélève, en 1685, un pulvérage de 3 deniers, en faveur de la dame de Chaussegros.

MÉLAN. — Pulvérage à trois deniers, leyde à trois deniers sur chaque marchand.

BARRAS. — Pulvérage à 5 deniers par trentenier.

MARIAUD. — Le pulvérage s'y perçoit à deux deniers.

MALIJAI. — En 1686, la dame présidente du Chaîne y fait lever un pulvérage de neuf deniers par trentenier, un

(1) Archives des Bouches-du-Rhône, B, 92 (*Paupertas*), f° 373.

péage de trois deniers par bœuf, neuf deniers par douze pourceaux et un droit de leyde de trois deniers par chaque marchand.

ESCLANGON. — Pulvérage à trois deniers.

DRAIX. — Pulvérage à trois deniers.

SAINT-ESTÈVE. — Pulvérage à trois deniers.

BLÉGIERS. — Leyde, péage et pulvérage. Les consuls ignorent le tarif.

AINAC. — Péage de trois deniers par pourceau passänt, pulvérage de trois deniers par trentenier, leyde de trois deniers par tout marchand faisant étalage.

MARCOUX. — Pulvérage de trois deniers.

LE CASTELLET. — Péage d'un sol par bœuf, leyde de trois deniers, pulvérage de trois deniers.

FEISSAL. — Pulvérage de trois deniers.

MALLEMOISSON. — Pulvérage à trois deniers, leyde de trois deniers par marchand.

LAGREMUSE. — Pulvérage et leyde à trois deniers.

SAINT-JURSON. — Les consuls déclarent que Blaise Codur, prêtre, prieur, seigneur spirituel et temporel du lieu, prélève un pulvérage de trois deniers par trentenier d'avérage ordinaire et de dix deniers pour l'avérage qu'on mène aux foires *pour le couteau* (la boucherie).

LA ROBINE. — M. de Rascas y prélève un pulvérage de trois deniers sur le bétail étranger.

Viguerie de Seyne.

SEYNE. — C'était, à proprement parler, le péage du Val de Seyne ou le péage de Montclar perçu à Seyne. Il appartint d'abord en partie à la Cour, en partie à Louis Guiramand, co-seigneur de Montclar, à Martin Isoard et à quelques autres particuliers de Seyne (1358-1361).

Il y eut procès, par-devant Jacques Lombard, juge royal des vallées de Mons et Seyne, entre les seigneurs péagers et les habitants de Bayons, qui ne voulaient pas payer le péage de Montclar qui se percevait à Seyne, parce que, pour arriver à Seyne, ils avaient la ruse de ne point passer par Montclar. Les Bayonnais eurent gain de cause. Le procès alla en appel devant Jacques de Gap, juge des premières appellations, qui rendit un jugement infirmant le premier. (1361, B, 1144.)

En 1685, les consuls déclarent que François de Gérente, baron de Montclar, lève un péage de cinq sols par cheval, un sol par jument, mulet, qui vont aux foires du Dauphiné ou en Savoie, et moitié quand ils retournent invendus; de huit deniers par trentenier d'avérage; un denier par charge de blé, de vin, de sel et autres marchandises.

Ce péage, qui, en 1759, était prétendu par la communauté de Seyne, lui fut supprimé par arrêt du 2 septembre 1759, faute de production de titres.

LA BRÉOLE. — En 1685, le péage de la Bréole est perçu au profit du sieur de Beaurepère, qui prend : pour toute bête chargée, six deniers, sauf que la charge comporte du blé ou du vin ; pour un cheval de prix, cinq sols ; pour un rossin, deux sols ; pour un mulet, six deniers ; les radeaux lui doivent trois sols.

Ce péage fut supprimé le 21 octobre 1738.

MONTCLAR. — Ainsi que nous l'avons dit, le péage de

Montclar se percevait à Seyne. Néanmoins, d'après la déclaration faite dans les procès-verbaux d'affouagement de 1728, M. de Ripert y prélevait un droit sur les bestiaux qui ne passaient pas à Seyne.

Ce péage fut abandonné par Catherine de Lisle, veuve de Ripert de Montclar, par acte passé par-devant Me Coste, notaire à Marseille, le 31 janvier 1778.

LE VERNET. — La communauté y percevait un pulvérage de deux deniers par trentenier, lequel fut supprimé par arrêt du 6 avril 1759, par défaut de production de titres.

VERDACHES. — Le droit de péage et pulvérage qu'y levait la communauté fut supprimé le 6 avril 1759, par défaut de titres probatoires.

SAINT-VINCENT. — En 1685, M. de Lautharet y prélevait un pulvérage de deux deniers, et la dame de Saint-Vincent y prétendait un droit de péage, qui, par défaut de production de titres fut supprimé le 6 avril 1759.

SELONNET. — Perçus par la communauté, qui ne put produire ses titres, les droits de péage et pulvérage y furent supprimés, par arrêt du 6 avril 1759.

UBAYE. — Les consuls déclarent qu'il y a à Ubaye un droit de pontonnage, que le pont est considérable, attendu que la rivière est grande et rapide, et que le pont est entretenu par le seigneur, M. de Meyran. Il prend quinze deniers par chevaux et mulets, deux deniers par bœufs et un denier par pourceaux (1685).

C'était Gaspard d'Hermitte, seigneur du pont, qui percevait ce pontonnage, quand il fut supprimé par arrêt du 27 décembre 1757.

AUZET. — Le sieur de Castellane y faisait lever un pulvérage de trois deniers par trentenier.

Plus tard, le sieur de Laugier du Villars y faisait percevoir un péage, qui fut supprimé par arrêt du 6 avril 1759, faute de production de titres.

BARLES, SAINT-MARTIN. — Pulvérage à trois deniers par trentenier ; péage perçu par le sieur de la Bremondière.

Supprimé le 6 avril 1759.

PONTIS. — Un des plus anciens et non des moins importants. Au XIVe siècle, le péage se prélevait à raison d'un denier par bœuf destiné à la vente; cinq sols pour un cheval de luxe; deux sols pour un cheval de travail, mulet ou mule; huit deniers pour un âne; six deniers pour un porc, une truie, un troupeau d'avérage.

Vers 1353, Boniface de Pontis et Guillaume, son fils, furent accusés d'exiger des droits de péage énormes au quartier des Angelassés, et cela, les armes à la main. Enquête, déposition des témoins, renvoi des accusés.

En 1366, même plainte, même procédure, semblable issue.

Lors de l'enquête de 1680, les consuls déclarent ne savoir en quoi consistaient les droits prélevés.

C'est M. des Angles qui les percevait, lorsque le droit de péage fut supprimé, le 3 juin 1747.

Les bergers transhumants, croyant que la suppression du péage emportait celle du pulvérage, refusèrent de payer ce dernier droit. Par arrêt de 1750, le pulvérage fut déclaré maintenu. Mais, comme le sieur Revilhar, de Pontis, voulait, à la faveur du pulvérage maintenu, prélever le péage supprimé, un nouvel arrêt du 24 juin 1759 renouvela celui du 3 juin 1747 et supprima radicalement non seulement le droit de péage, mais encore celui de pulvérage au lieu de Pontis. « On risque de tout perdre, en voulant tout gagner !... »

MÉOLANS, REVEL. — Le sieur et la demoiselle Honoré y prélevaient un droit de péage, qui fut supprimé par arrêt du 27 décembre 1757.

Viguerie de Colmars.

COLMARS. — Le roi y perçoit un pulvérage de trois deniers par trentenier.

BEAUVEZER. — Il n'y a pareillement qu'un pulvérage de trois deniers.

THORAME-HAUTE. — Péage d'un sol par pourceau.

THORAME-BASSE. — François de Thomassin y lève un pulvérage de trois deniers par trentenier et un sol par pourceau.

« Et il n'y a pas d'autre droit de passage ou de leyde dans toute la viguerie », ajoutent les consuls.

Viguerie de Sisteron.

SISTERON. — Il n'y avait pas de péage à Sisteron. Seulement, en 1350, la détresse pécuniaire obligea la ville à établir un droit de *barrage*, en vertu duquel les étrangers voyageant à cheval furent soumis à un droit de quatre deniers, sauf les pèlerins allant à Rome pour le jubilé, ou en Dauphiné pour gagner les indulgences de Saint-Antoine de Vienne (1).

Lors de l'enquête de 1685, les consuls déclarent que la

---

(1) D'après Laplane, t. I, p. 133. — *Barra in qua solvant singuli equites de extra comitatibus provincie et Forcalquerii, exceptis peregrinis presentis indulgentie Rome et Delphinatus* (1350).

ville a coutume de faire lever un droit de tonnage sur les radeaux qui passent sur la Durance et sur le Buech ; la pancarte en est affichée à la porte de la Saunerie. Il y est perçu pareillement un droit de pulvérage à raison de trois deniers par trentenier et un droit de leyde de trois deniers par charge de bled, charge de sel et de fruit.

LA BAUME. — Péage très ancien.

Après l'enquête de Jean de Revest, Geoffroy de Crotta et Bernard de la Garde, maîtres rationaux (1354), le péage fut divisé en deux sortes : le *grossum* et le *minutum*. Les revenus s'en divisent ainsi qu'il suit : la Cour perçoit la première moité du gros péage ; l'autre moitié se partage entre le monastère de Sainte-Claire, l'hôpital de Saint-Antoine de Vienne et les co-seigneurs de la Baume ; le menu péage se divise en trois : deux parts reviennent à l'hôpital de Saint Antoine Viennois, et la troisième se partage entre la Cour et le monastère de Sainte-Claire (1).

TURRIERS. — En 1685, le sieur d'Hugues y prélève un droit de leyde et un pulvérage de trois deniers par trentenier.

MONTFORT. — La dame de Pènes et le sieur Cornand y font prélever trois deniers par vente de grains et de bestiaux ; le pulvérage y est de six deniers par trentenier.

MELVE. — Seulement un droit de leyde de trois deniers sur toutes les ventes.

VALERNES. — Le péage des pourceaux était à six

(1) B, 1136. — Voir aussi la pancarte du péage de la Baume, reproduite par Laplane, t. I, p. 497.

deniers pour chacun, le pulvérage à deux deniers par trentenier et la leyde à trois deniers par vente.

Il était tenu par le sieur de Bernardy Étienne, vicomte de Valernes, lorsqu'il fut supprimé par arrêt du 12 décembre 1759, par défaut de production de titres.

CLAMENSANE. — Il y avait un péage, un pulvérage de six deniers par trentenier et un droit de leyde très élevé, de quatre sous par bœuf ou cheval qui se vendait, de trois deniers par charge de plâtre qui s'achetait (1685).

Le sieur Glandevès-Villeneuve n'ayant pu produire en temps voulu les titres de possession demandés, le péage fut supprimé par arrêt du 10 décembre 1759.

NIBLES, — Droit de pulvérage de trois deniers, qui est supprimé au sieur d'Armand, par défaut de production de titres, le 10 décembre 1759.

SALIGNAC. — La communauté y fait prélever un pulvérage de trois deniers par trentenier.

Ce droit est supprimé par arrêt du 15 août 1759.

THÈZE. — Les consuls déclarent bien à l'enquête qu'il y a péage et pulvérage à Thèze, mais ils prétendent en ignorer le tarif.

Il y avait péage par terre et par eau sur les bestiaux et sur les denrées, et on y prenait notamment cinq sols par bac passant sur la Durance.

Ce droit de bac fut maintenu par arrêt du 13 juillet 1755; mais le Conseil d'État supprima, par défaut de production de titres, le péage par eau et par terre que prétendait, au lieu de Thèze, le sieur d'Inguimbert de Pramirail, seigneur baron de Thèze, Melve et autres lienx. (Arrêt du 15 août 1759.)

MISON. — Ce péage était au quartier des Armands, et

le droit s'y prélevait sur tous bestiaux, denrées et marchandises.

Il fut confirmé en faveur du sieur d'Armand par arrêt du 7 mai 1731.

ENTREPIERRES. — Un pulvérage de trois deniers par trentenier.

VAUMEILH. — Pulvérage de six deniers par trentenier et droit de leyde de trois deniers sur chaque vente de bestiaux et denrées.

Ces droit furent supprimés au baron d'Hugues Charles, seigneur du lieu, qui ne fut pas en mesure de produire ses titres.

L'ESCALE. — Sigoin y faisait lever le péage, depuis la Saint-Jean-Baptiste jusqu'à la Saint-Michel, à raison de trois deniers par grosse bète avec son bât, un sou par bœuf; le pulvérage à un sou par trentenier, et le droit de leyde à trois deniers par vente.

La communauté acheta, plus tard, tous les droits seigneuriaux et les abolit.

CHATEAUFORT. — On y constate l'existence d'un droit de leyde et de pulvérage.

LE CAIRE. — La communauté y prend quatre sous par paire de bœufs, trois deniers par bestiaux [chargés de blé, de vin, de toile, et six deniers pour les marchandises que portent hommes ou femmes.

SIGOYER. — Seulement un droit de leyde. Les consuls se plaignent de ce que, à Volonne, le seigneur leur fait payer un sou par chaque pourceau et *même avec violence*.

VALAVOIRE. — Il y a un pulvérage de six deniers par

trentenier, lorsque les troupeaux couchent au terroir, et un sou quand ils ne font qu'y passer. La leyde y est prélevée à raison de trois deniers par achat ou vente.

CLARET. — Il n'y avait point de pulvérage en 1685.

Les seigneurs voulurent en introduire un, ainsi que le droit de péage.

Le tout fut supprimé par arrêt du 12 décembre 1759.

VENTEROL. — Pulvérage et leyde de trois deniers à chaque vente.

SOURRIBES. — L'abbesse de Sainte-Claire y prélève un pulvérage de trois deniers par trentenier et n'y perçoit ni péage, ni leyde.

VOLONNE. — Les consuls déclarent, en 1685, qu'on y perçoit un péage de trois deniers pour chaque grosse bête, bœuf, cheval, bourrique et pourceau ; plus un pulvérage de quinze deniers par trentenier.

Ce péage fut vérifié et confirmé par arrêt du 23 février 1742, en faveur du sieur de Maurel, conseiller au Parlement, seigneur péager.

NOYERS. — Pulvérage et leyde. Les consuls ignorent le taux.

LA MOTTE. — Un pulvérage énorme de deux sols six deniers par trentenier et un droit de leyde sur la vente des grains, des bestiaux, du bois, de trois deniers par vente.

DROMON-SAINT-GENIEZ. — Pulvérage et leyde perçus par la dame Devèze de Merles.

Supprimés, faute de titres, le 12 décembre 1759 (1).

---

(1) La signification de suppression fut adressée à J.-B. de Gombert, seigneur de Dromon-Saint-Geniez.

CHATEAU-ARNOUX. — Leyde et pulvérage.

SAINT-SYMPHORIEN. — Le sieur de Valbelle y percevait un péage et un pulvérage de six deniers par trentenier, malgré la défense à lui faite, le 31 décembre 1737, de ne rien percevoir.

Le défaut de titres amena la suppression, le 10 décembre 1759.

AUTHON. — Il y a un péage de six deniers par paire de bœufs ; un droit de leyde d'un liard pour chaque marchand ; mais, s'il ne vend rien, il ne paye rien.

REYNIER. — Un droit de pulvérage de dix liards par trentenier de moutons, brebis, chèvres, menons passant par le lieu ; leyde d'un liard par achat.

Nas et Dabon, co-seigneurs de Reynier, percevaient ces droits malgré la défense à eux faite le 31 décembre 1737.

Tout fut supprimé par arrêt du 10 décembre 1759.

MELVE. — Le sieur d'Inguimbert de Pramirail vit supprimer les droits de péage et de leyde dans sa baronnie, par défaut de titres authentiques, le 15 août 1759.

GIGORS. — La communauté, qui percevait à son profit les droit de péage et de pulvérage, se les vit supprimer, faute de titres, par arrêt du 6 avril 1759.

PEYPIN. — Voir ce que nous avons dit ci-dessus.

BAYONS. — Droits de péage et de pulvérage supprimés le 18 septembre 1750, faute, par le sieur de Bernard, de Feissal, d'avoir produit ses titres.

BELLAFFAIRE. — Péage sur les bestiaux, supprimé par arrêt du Conseil d'État du 3 juin 1747.

VILHOSC. — Faute par le sieur de Castagny d'avoir présenté ses titres, le péage et le pulvérage qu'il prélevait à Vilhosc furent supprimés par arrêt du 12 mars 1758.

URTIS. — Le péage de ce lieu, levé par le seigneur, fut supprimé, par défaut de production de titres, le 6 avril 1759.

FAUCON. — Louis de Bouchet, sieur de Faucon, n'ayant pas présenté ses titres, vit son péage supprimé par arrêt du 10 décembre 1759.

AUBIGNOSC. — Droits supprimés le 17 mars 1750. Ces droits étaient prétendus par le sieur d'Eymard.

Viguerie d'Annot.

Les représentants de la viguerie d'Annot déclarent, dans l'assemblée du 20 mai 1685, qu'il ne se lève, dans toute l'étendue de leur viguerie, aucun droit de péage, de pulvérage, ni de leyde, « fors la communauté d'Annot, qui » afferme, tous les ans, un droit de leyde, le jour de la » foire, qui s'arrente de douze ou quinze sols. Les villes » royales, ni aucun lieu de la viguerie, ne payent point; » n'y a que Castellet-des-Sausses qui paye un sou par » pourceau passant sur le pont (1). »

Viguerie de Barjols.

QUINSON. — Le péage de Quinson était perçu à raison d'un sou par bœuf, trois deniers par chaque personne passant dans le radeau qui est sur le Verdon. Le pulvérage était seulement d'un denier par trentenier.

---

(1) Archives des Bouches-du-Rhône, C, 2005. — 20 mai 1685.

Par arrêt du 17 mars 1754, le péage fut maintenu, en faveur du sieur de la Roquette et du prévôt de l'église collégiale de Barjols, sur le pont de Quinson.

Le 9 août 1769, messire Gaspard Amphoux se fait autoriser, par le lieutenant du roi de Brignoles, à abandonner le péage de Quinson appartenant au Chapitre de Barjols. L'acte d'abandon est du 17 août 1769.

Viguerie de Castellane.

CASTELLANE. — En 1431, Guillaume Rascas et la Cour royale, parties jointes contre Jean Gervais et autres, prétendent que de tout temps les troupeaux passant sur le terroir de Castellane ont payé quinze deniers coronats par trentenier, à l'exception des troupeaux étrangers, dont l'imposition est laissée à la discussion de la Cour; la possession est reconnue et le pulvérage continue (1). Nous n'avons pas trouvé trace de l'existence d'aucun péage à cette époque.

En 1685, les consuls déclarent que les fermiers de Sa Majesté perçoivent six deniers par bête asinine portant charge, un sol par chaque pourceau et un droit de pulvérage de six deniers par trentenier étranger, et, depuis quelque temps, même sur le bétail qui a faculté de dépaître. (C, 2005.)

VERGONS. — La communauté y prélève un pulvérage de trois deniers par trentenier et un péage d'un sol par pourceau. Les consuls se plaignent que ceux de Castellane leur prennent six deniers pour chaque *bourriscou*.

---

(1) Notaire Maurice Lebogays, recevant par ordre des maîtres rationaux. — B, 1189.

SENEZ. — A Senez, il y a un droit de pulvérage de trois deniers par trentenier. Le revenu se partage entre l'Évêque, le Chapitre et le sieur d'Aiguines.

MÉOUILLES. — Un pulvérage de six deniers par trentenier, quand les troupeaux passent sur le pont, et un liard, quand ils passent en deçà.

SAINT-ANDRÉ. — Il n'y a qu'un pulvérage de six deniers par trentenier.

TROUINS. — Trois deniers par trentenier.

BLIEUX. — Le seigneur y perçoit un droit de leyde sur toute marchandise : huile, vin, sel, fruits, de deux deniers par chaque marchand, soit qu'ils viennent pour vendre ou pour acheter.

LE POIL. — Un péage de six deniers par *bourriscou* portant charge et suivant l'avérage, un sol par pourceau, plus un pulvérage de trois deniers par trentenier. De plus, les fermiers du Roi y prélevaient un droit de six deniers par trentenier (1). M. Constans, de Mezel, y faisait aussi lever un pulvérage à son profit, en 1744.

LA GARDE. — On y levait un pulvérage de huit deniers par trentenier.

ARGENS. — Pulvérage de trois deniers par trentenier.

---

(1) La grande *carraire*, qui suivait dans ces quartiers le tracé de l'ancienne voie romaine, passait au Poil et était très fréquentée par les transhumants, soit à l'aller, soit au retour.

CASTILLON. — Le seigneur de Villeneuve (Vaucluse) y levait un pulvérage de trois deniers par trentenier.

SOLEILHAS. — Le seigneur de Villeneuve (Vaucluse) y levait un pulvérage de trois deniers par trentenier.

MORIEZ. — Pulvérage de six deniers par trentenier.

ALLONS. — Le pulvérage de trois deniers par trentenier y était prélevé par les sieurs de Bon, de Requiston, de Richery, de Raymondis.

UBRAYE. — Péage de six deniers par âne, un sol par pourceau. Pulvérage de trois deniers par trentenier.

ANGLES. — Pulvérage de quatre deniers par trentenier.

ROBION. — Trois deniers par trentenier.

ÉOULX. — Le sieur de Raymondis y lève un péage d'un sol par bœuf et pourceau, trois deniers pour toute marchandise et un pulvérage de trois deniers par trentenier.

DEMANDOLX. — Le pulvérage y est à six deniers par trentenier.

Viguerie de Guillaumes.

ENTREVAUX et LA SEDS. — Il y avait là un péage et un pulvérage prétendus par la communauté, qui furent supprimés, faute de titres, par arrêt du 25 avril 1749 (1).

---

(1) Ce n'est qu'à partir du traité de 1760 que la ville d'Entrevaux fut comprise parmi les terres adjacentes. Jusque là, elle avait fait partie de la viguerie de Guillaumes, supprimée en 1760.

LE CASTELLET. — M. de Guérin, co-seigneur, y prend un péage d'un sou par pourceau passant sur le pont.

Viguerie de Moustiers.

MOUSTIERS. — Le communauté y lève un pulvérage de trois deniers par trentenier.

RIEZ. — La communauté y lève un pulvérage de trois deniers par trentenier.

VALENSOLE. — Dès l'année 1246, il y avait une sorte de péage à Valensole. D'après un convenu, tout ce qui se vend à poids ou à balle ne payait point de péage à Valensole, si le péage avait été payé à Aix.

Nous trouvons une mention plus explicite de ce péage dans une pièce de 1348, dernier jour de février :

Quidam judei commorantes in loco de Villanova mitterent cum duobus animalibus certam quantitatem Raube sive arnesia versus castellum de asperis per quemdam hominem ducentem animalia ipsa. Idem homo transiens per territorium de Bruneto deviasset ab itinere, rato pedagio pro rebus ipsis debito non soluto, fuerunt per custodes pedagii de Valensola intercepti, etc.

Le maître péager était Étienne Mistral, *Stephanus Mestralis*. (B, 1130.)

En 1685, le péage de Valensole se percevait à la Bégude, mais le pulvérage se percevait à Valensole même ; il était de deux deniers par trentenier de bétail menu allant à la montagne.

PUIMOISSON. — Pulvérage de trois deniers par trentenier. Le poisson salé devait trois sous par charge, ainsi que le gros poisson frais ; le poisson menu devait vingt-six ou trente-deux pièces, en retour desquelles le Commandeur donnait au marchand deux pains bis pour chaque bête de somme et un flacon de vin ou de piquette.

Ce péage fut aboli par arrêt du 12 août 1747.

ALLEMAGNE. — Il y avait un droit de péage sur les bœufs et cochons et un pulvérage de trois deniers par trentenier de bétail menu, perçu au profit du sieur Varages, baron du lieu (1730).

ROUMOULES. — Pulvérage de trois deniers par trentenier.

GRÉOUX. — Ce péage appartint jadis aux Templiers, jusqu'en 1308.

Usurpé par les Commandeurs de Puimoisson, revendiqué par la Cour, perçu par le bailli de Moustiers, usurpé ensuite par les Glandevès et extorqué par violence, il était réduit, en 1685, à un sol par bœuf. Le pulvérage était à trois deniers par trentenier.

MONTAGNAC. — Pulvérage de trois deniers par trentenier.

SAINT-JURS. — Pulvérage de trois deniers par trentenier. Passage de la grande carraire.

SAINTE-CROIX. — Pulvérage de trois deniers par trentenier.

LA PALUD. — Pulvérage de trois deniers par trentenier, plus une leyde de trois deniers.

ROUGON. — Pulvérage de trois deniers par trentenier.

CHATEAUNEUF. — Pulvérage de trois deniers par trentenier. La communauté de Mezel fait lever en plus un pulvérage de six deniers par trentenier au quartier appelé le Pouyrian.

LE BIOSC (Albiosc). — Pulvérage considérable de trois sols par trentenier et bien souvent de quatre ; péage de quatre sols par bœuf ou pourceau.

Cette élévation de droits s'explique par la grande étendue de bois de chênes qui couvre le territoire de cette commune et où les animaux trouvaient, en passant, une abondante nourriture.

ESPARRON-DU-VERDON. — Le marquis de Castellane y prélevait un péage d'un sou par bœuf ou cochon, trois deniers par cheval, mulet, âne ; un pulvérage d'un denier par trentenier et menu bétail, et « trois deniers sur chasque personne que passe dans le bateau qu'est dans le Verdon ».

La province fit construire un pont. Dès lors, on affirme, en 1759, qu'il ne se lève plus aucun droit de péage, ni de pontonnage. (C, 1999.)

BRUNET. — Pulvérage de trois deniers par trentenier.

MONTPEZAT. — Le seigneur du lieu prélève six deniers sur chaque pourceau et six deniers sur chaque trentenier de menu bétail.

SAINT-MARTIN-LE-RIMAT. — Dans cette minuscule agglomération, le sieur Chaudon prélevait aussi les droits de péage et de pulvérage, qui furent supprimés, le 15 août 1759, par défaut de production de titres.

SAINT-MARTIN-DE-BROMES. - Faute d'avoir pu produire les titres, les péage et pulvérage y furent supprimés au seigneur du lieu, M. de Saint-Martin, par arrêt du 12 mars 1758.

Val de Barrême.

BARRÊME. — Les consuls déclarent qu'on y prélève un droit de leyde de deux sols par paire de bœufs, à la foire du premier lundi après Notre-Dame d'août, d'un sol par trentenier d'avérage, par cheval et jument, et un pulvérage de trois deniers par trentenier.

CHAUDON. — Le péage est établi au cabaret de la Bourgea (la Bourgade) et produit environ cinq livres par an.

J.-B. de Félix, seigneur de Creisset et de Chaudon, l'abandonne par acte du 15 octobre 1754. (Notaire, Boyer, à Aix).

TARTONNE. — Il s'y lève un droit de leyde et de pulvérage.

LAMBRUISSE. — Il s'y lève un droit de leyde et de pulvérage.

Viguerie de Forcalquier.

LURS. — Le péage de Lurs, prétendu par l'évêque de Sisteron, fut supprimé par arrêt du 12 août 1747.

Trois ans auparavant, un arrêt du 26 octobre 1744 avait permis au sieur évêque de continuer à tenir un bac sur la Durance, au quartier dit « le Saut-du-Loup ».

PEYRUIS. — Le péage de Peyruis avait été déclaré juste et ancien par la sentence de 1253, que nous avons citée plus haut. Les droits s'y percevaient sur les denrées, bestiaux et marchandises.

M. Fortia de Pilles n'ayant pu montrer ses titres, le péage fut supprimé par arrêt du 18 septembre 1750.

SAINTE-TULLE. — Le péage est déclaré abandonné.

MALLEFOUGASSE. — Droits supprimés à l'évêque de Sisteron, seigneur du lieu, faute d'avoir pu produire ses titres (10 décembre 1759).

CÉRESTE. — Déjà en plein exercice en 1253, comme nous le montre le document cité plus haut, il était prélevé, au siècle dernier, par le marquis de Brancas, sur marchandises de toute sorte, sur chevaux, bœufs et mulets passant par le terroir.

Nous n'avons pu trouver la date de sa suppression ; peut-être a-t-il prolongé son existence jusqu'au décret du 15 mars 1790.

LA BRILLANNE. — Le péage de la Brillanne, par lequel nous terminons cette étude, est un des péages bas-alpins qui, en 1253, furent reconnus justes et anciens par les nobles et les barons réunis à Forcalquier. Sa position exceptionnelle sur le chemin royal, sur les bords de la Durance, lui donnait une importance considérable. Il y avait là double péage : le péage par terre et le péage par eau, tous deux réunis dans la main du comte de Provence, qui les faisait exploiter à son profit.

Charles II, roi de Jérusalem et de Sicile (1248-1309), qui avait fondé le monastère des religieuses de Notre-Dame de Nazareth à Aix, se trouvant débiteur, vis-à-vis de ce monastère, d'une somme de 200 onces d'or, que la Cour devait payer à Bérangère, fille de feu Guillaume d'Alamanon, religieuse de Nazareth, se libéra, vis-à-vis du monastère, par la cession qu'il lui fit des cens, services et du péage de la Brillanne, exploités jusque-là à son profit. Il y ajouta la somme de 300 livres provençales, à prendre annuellement sur les revenus de la pêcherie royale de Saint-Geniès et de l'île des Martigues (1292) (1).

Les Dames de Nazareth exploitèrent ce double péage jusqu'en 1474.

En cette année et le 2 décembre, Palamède Forbin, sieur de Soliers, Jean Jarente et Jean Curet, maîtres rationaux, agissant au nom de la Cour, échangèrent, au monastère de Nazareth, le péage de la Brillanne et autres cens donnés jadis par Charles II pour une pension annuelle et perpétuelle de 800 florins, monnaie de province, à prendre sur les revenus royaux des greniers à sel de Berre. Par acte donné au château de Saint-Amat, le 8 décembre 1474, le roi René ratifie et confirme cet échange et charge le grenetier et ses successeurs de payer annuellement et fidèlement cette pension aux Dames de Nazareth (2).

---

(1) ..... *Hujus itaque considerationis intuitu, monasterio monialium beate Marie de Nazaret de Aquis, ordinis fratrum predicatorum per nos ab olim ad honorem beatissime Virginis Marie fundato, necnon priorisse monialibus sive sororibus ejusdem monasterii Aquis, anno Domini millesimo ducentesimo nonagesimo secundo, die tertio decimo julii quinta indictione, regnorum nostrorum anno octavo, in recompensatione ducentarum unciarum auri in quibus curia nostra pro Berengaria filia quondam Guillelmi de Alamanono militis moniali dicti monasterii tenebatur, census omnes et servicia omnia item pedagium Lebrenhane tam per aquam quam per terram loci dicti et ejus territorii cum navi que est ibidem et esse consuevit pro nobis ac portagnagio ipsius necnon trecentas libras provincialium coronatorum perpetuo habendas et percipiendas per dictum monasterium annis singulis in redditibus et super redditibus piscarie nostre sancti Genesii, etc.* (B, 1182.)

(2) ..... *Quâ quidem permutatione ipse vicarius, priorissa et alie moniales nobis et nostre curie remiserunt pedagium eidem monasterio datum per B. M. Regem Karolum Scdm precessorem nostrum loci ac tocius territorii de Brilhana quod percipitur tam per aquam quam per terram necnon passagium atque navem ad ipsum monasterium eadem donatione (pertinentem)...,.... et predicti magnus presidens et magistri rationales quo supra nominati remiserunt ipsi monasterio pensionem annualem et perpetuam quam de novo fundavit et super granerio et pecuniis gabelle*

Le bon roi René ne garda pas longtemps ce péage entre les mains. Le même jour, 8 décembre 1474, il le donna à son valet de chambre, Alain Léaut, qu'il avait fait « haut et puissant seigneur de Labrillane » depuis le 1er août de cette même année. Ce fut pour récompenser les services nombreux, variés et continus que lui avaient rendus Alain Léaut, son valet, et Olive, sa femme, que René octroya à ces heureux époux la seigneurie de la Brillanne.

.... ex variis serviciis per nobilem Alanum Leaut, valetum nostre camere, et Olivam, ejus uxorem, continuo nobis impensis, castrum, locum et totum territorium de Brilhana, eisdem conjugibus tanquam benemeritis......., donamus cum juribus et pertinentiis....., pedagium ipsius loci de Brilhana et totius territorii ejusdem, tam per aquam quam per terram, debitum necnon navium portus Durencie, cum juribus et pertinentiis......, nihil nobis penitus retinendo nisi solum et dumtaxat jus superioritatis ipsius pedagii atque navis..... Die octava mensis decembris 1474. — René.

Et en dessous :

Gratis pro varleto camere..... (B, 1, 17, *Gallus*, f° 78.)

Voici la reproduction de la pancarte, sur laquelle les comtes de Provence prélevaient le droit de péage à la Brillane. Elle est de 1270.

---

salis ville Berre florenorum octingenta monete hujus nostre provincie percipiendam et levandam anno quolibet et perpetuo et pro medietate per totum mensem aprilis et pro reliqua per totum mensem octobris incipiendo ipso mense..... Datum in castro nostro Sancti Amati.... anno millesimo CCCCLXXIV. — René. — (B, 1, 17, *Gallus*, f° LXXVII. — 8 décembre 1474.)

Tenor quaternii supradicto pedagio Lebrenhane.

Anno ab Incarnatione D. millesimo CCLXX, XVII junii, apud castrum de Lebrenhana, hic et ibidem de pedagio prout in forma est notum tam de eis que transeunt per caminum quam de eis que transeunt per aquam :

Et primo de saumata bladi..........................	II denarios.
It. de saumata vini	II den.
It. de saumata fuste..........................	II den.
It. de saumata nucium..........................	II den.
It. de saumata pomorum et cerisearum..........	II den.
It. de rupho (1)..........................	I den.
It. de gresa (2)..........................	I den.
It. de vitro..........................	I den.
It. de saumata salis..........................	II den.
It. de borra (3)..........................	I den.
It. de carga lane..........................	V den.
It. de alumine..........................	I den.
It. de carga canapi, id. quod de lana.	
It. carga cumini..........................	V den.
It. de carga ficus..........................	V den.
It. de carga piscis..........................	V den.
It. de carga caseorum..........................	V den.
It. de cotono..........................	I den.
It. de carga cepi..........................	I den.
It. de pellibus pilosis..........................	I den.
Id. de carga asterii (4)..........................	V den.
It. de ferro..........................	VI den.
It. de carga amendonis..........................	X den.

(1) *Rupho*, bois de roux pour la teinture.

(2) *Gresa*, sorte de couleur grise.

(3) *Borra*, bourre, étoffe. De là, le nom de *bourras* donné en quelques localités aux pénitents gris.

(4) Mis peut-être pour *asserii.*

It. de carga cordoani........................... X den.
It. de carga corii aptati........................... X den.
It. de carga piperis zingibris..................... X den.
It. de equoclato seu trocello cuniculorum......... X den.
It. de trossello pannorum.......................... I den.
It. de cuniculis................................. I den.
It. de filis Lineis.............................. I den.
It. de bresis.................................... I den.
It. de violettis................................. I den.
It. de mola...................................... V den.
It. de cavallo................................... IV den.
It. de Roncino equa et bove...................... IV den.
It. de asino..................................... II den.
It. de porco, idem quod de asino, et de bacono id.
It. de qualibet bestia averis minuti............... I ob.
It. de furono.................................... V den.
It. de saumata lancearum, unam quam pedagerius primo tetigerit quam non licet observare aliter distrandi sive desserviendi.

De pedagio fluminis Durentie.

Pedagium vero de hiis que transeunt super aquam et portunagium navium dividitur et est commune Domino Comiti pro medietate et Dominis de Auraysono qui dicuntur Domini navis pro alia (medietate):

In primis de velerio...................... Centum solidos.
Item de antena........................... Quinquaginta solidos.
Et continet quatuor quadrellas et due carrerie faciunt unam travessam, et octo tori, unam travessam.
Item duodecim petite faciunt travessam.
Item de duodecim trabetis seu travessis..... XII den.
Ratione que dicuntur teneri, et postquam ascenditur ultra 12 trabetis............. XX solidos.

Ratione predicta que dicuntur teneri.

Item si ascendit usque ad viginti trabetis....	XL sol.
Ratione qua tenentur et in quolibet radellis, dimictuntur ductoribus ipsius radelis due trabete franche pro petitis que dicuntur ulterie et pro ductore radelis dividitur trabeta francha.	
Item de tina habenti septem palmas........	Quinque solid.
Item de vase vinario sive vayssello habente septem palmas..........................	III solid.
Item de sex palmis.......................	XVIII den.
Et de quinque palmis et infra.............	XII den. turon.
Et si non habent bodia detraxitur tertia pars pedagii.	
Item de archa habente IIII peccollos........	IIII den.
Item de habente sex peccollos.............	Sex den.
Item de navi veniente per Duranciam et transeunte inferius (1)..................	XX solidos.

Ce péage figure dans les procès-verbaux d'affouagement de l'année 1728. Le propriétaire, en ce moment, en était M. de Guirand, conseiller à la Cour des Comptes.

(1) Archives des Bouches-du-Rhône, B, 1182, f°s 6 et 7.

2

www.ingramcontent.com/pod-product-compliance
Lightning Source LLC
LaVergne TN
LVHW020421230826
846091LV00004B/1357

* 9 7 8 2 0 1 9 9 4 9 0 8 2 *